高校绩效工资制度的建立及其可持续发展研究

路英新　编著

中国纺织出版社有限公司

内 容 提 要

本书致力于探讨高校绩效工资制度的建立及其可持续发展。全书共分为六章，第一章详细阐述了高校绩效工资制度的基本概念及组成要素，第二章主要分析了影响高校绩效工资的相关因素，第三章详细介绍了高校绩效工资制度的建立，第四章全面介绍了高校绩效工资制度在我国的发展，第五章重点探索了高校绩效工资制度的改革，第六章重点研究了高校绩效工资制度的可持续发展。

本书内容丰富、结构清晰、逻辑严谨，适合高校管理者及相关学者参考使用。

图书在版编目（CIP）数据

高校绩效工资制度的建立及其可持续发展研究 / 路英新编著 . -- 北京 : 中国纺织出版社有限公司 , 2024.3

ISBN 978-7-5229-1364-3

Ⅰ . ①高… Ⅱ . ①路… Ⅲ . ①高等学校−工资管理−研究−中国 Ⅳ . ① G647.5

中国国家版本馆 CIP 数据核字（2024）第 033578 号

责任编辑：段子君　李立静　　　　责任校对：王蕙莹
责任印制：储志伟

中国纺织出版社有限公司出版发行
地址：北京市朝阳区百子湾东里 A407 号楼　邮政编码：100124
销售电话：010—67004422　传真：010—87155801
http://www.c-textilep.com
中国纺织出版社天猫旗舰店
官方微博 http://weibo.com/2119887771
天津千鹤文化传播有限公司印刷　各地新华书店经销
2024 年 3 月第 1 版第 1 次印刷
开本：710 × 1000　1/16　印张：8.25
字数：85 千字　定价：99.90 元

前　言

在高等教育快速发展的今天，高校教职工的工作积极性和创造性的发挥对于提升高校教育质量和科研水平具有至关重要的作用。绩效工资作为激发教职工工作积极性和创造性的重要手段，越来越受到人们关注。如何合理设计并有效实施绩效工资制度，成为高校面临的一个重要挑战。

本书致力于探讨高校绩效工资制度的建立及其可持续发展。全书共分为六章，第一章详细阐述了高校绩效工资制度的基本概念及组成要素；第二章主要分析了影响高校绩效工资的相关因素；第三章详细介绍了高校绩效工资制度的建立；第四章全面介绍了高校绩效工资制度在我国的发展；第五章重点探索了高校绩效工资制度的改革；第六章重点研究了高校绩效工资制度的可持续发展。

本书的特点在于：首先，通过对大量文献进行系统梳理和分析，全面介绍高校绩效工资制度的概念、特点和组成要素；其次，从多个角度深入剖析高校绩效工资制度的发展现状与问题，并揭示产生问题的原因；再次，结合对国内外高校案例的分析，提出一系列具有可操作性的改革措施。最后，在阐明高校绩效工资制度实现可持续发展的重要意义的基础上，提出其实现可持续发展的具体方法。

本书旨在为高校管理者提供有益的参考和启示，帮助他们更好地理解和应用绩效工资制度，以激发教职工的工作积极性和创造性，提升高校的整体竞争力。同时，本书可以作为高等教育学、教育经济学、教育管理学等学科领域的参考读物，供广大学术研究者使用。

本书在撰写过程中参阅了大量的研究成果和文献资料，在此对这些专家学者表示诚挚的感谢。由于时间仓促，加之知识、经验有限，书中难免有错误之处，恳请各位专家、学者及广大读者批评、指正。

路英新

2023 年 11 月

目　录

第一章 高校绩效工资制度概述

第一节　高校绩效工资制度的概念与基本特点

一、高校绩效工资制度的概念

高校绩效工资制度是指在高等教育机构中，根据教师、研究人员或其他工作人员的工作表现和绩效评价结果，给予相应奖励的工资制度。它是一种以绩效为导向的工资体系，旨在激励和奖励个体在教学、科研、管理等方面的突出表现和贡献。

高校绩效工资制度的核心理念是对个体绩效进行量化、评估和奖励。传统的薪酬体系主要依赖岗位职责和资历，而高校绩效工资更加注重个体的工作成果和贡献。通过设立明确的绩效评价标准和机制，可以将个人的工资与个人的工作表现挂钩，提高员工的工作积极性和动力，促进工作质量和效率的提升。

高校绩效工资制度的实施需要建立科学合理的绩效评价体系。绩效评价指标应该具有客观性、可衡量性和关联性，能够全面反映个体在教学、科研、学术服务等方面的工作表现。评价权重分配应公正合理，能够根据不同岗位的特点和重要性进行调整。绩效工资的计算方法应当公开透明、操作简便，并与个体的绩效评价结果相对应。

高校绩效工资制度的实施还需要有相关的政策和制度支持。政策背景及其发展趋势决定了高校绩效工资制度的发展方向和目标。同时，高校绩效工资制度改革案例可以为其他高校提供经验。

总之，高校绩效工资制度是一种以绩效为导向的工资体系，其通过量化评估个体在教学、科研、学术服务等方面的工作表现，奖励有突出贡献和表现优异的个体。它能够提高员工的工作积极性，提高其工作质量和效率，是高等教育机构中薪酬管理的重要手段，也是推动教师队伍建设和教育教学质量提升的有效途径。

二、高校绩效工资制度的基本特点

（一）一种奖励性工资制度

高校绩效工资制度是一种在教育领域中日益重要的奖励性工资制度，它的主要目标是通过激发员工的积极性和动力，提高他们的工作质量和效率。这种奖励性机制的核心是认可和奖励员工的优秀绩效，这不仅可以提高员工的工作满意度，还可以提高他们的工作动力并促进他们的职业发展。

1. 目标和原则

高校绩效工资制度应以实现高校教育机构的发展目标为出发点，通过奖励优秀绩效，激励员工积极投入工作，提高工作效率和质量。同时，还应当遵循公平、公正、激励、反馈等原则，确保制度的公平性和有效性。

2. 绩效评估体系

绩效工资制度的基础是建立一套科学、客观的绩效评估体系。高校需要明确评估标准和流程，制定符合高校实际情况的评估指标，包括教学质量、科研成果、管理服务水平等方面。评估结果应该公正、透明，确保反映员工真实的工作表现。

3. 奖励措施

基于绩效评估结果，高校应该给予员工相应的奖励。奖励措施应当多样化，满足不同员工的需求和期望。例如，提供奖金、晋升机会、培训、社会荣誉等奖励方式，以激发员工的积极性和动力。

4. 激励作用

绩效工资制度的奖励机制可以产生强烈的激励作用，可以提高员工的工作热情和动力。同时，这种机制还可以促进员工之间的竞争和合作，激发员工的创新精神和促进员工的职业发展。另外，奖励优秀绩效可以利用榜样的作用，鼓励其他员工向优秀员工学习，从而提高整个高校教育机构的工作水平。

5. 监督与反馈

为了确保绩效工资制度的公平、公正和透明，高校应该建立健全的监督机制。监督机制应该包括对绩效评估过程的监督、奖励措施的监督以及对绩效反馈机制的监督等。同时，高校还应当建立有效的反馈机制，及时向员工反馈评估结果和奖励措施，以便员工了解自己的工作表现和奖励情况，从而更好地调整自己的工作状态和职业规划。

6. 持续改进

绩效工资制度的实施是一个动态的过程，需要不断地反思、调整和完善。高校应该定期评估制度的运行效果，根据实际情况做出相应的调整，以更好地适应高校教育机构的发展需求。此外，高校还应该关注行业发展趋势和政策变化，及时调整绩效工资制度以适应外部环境的变化。

总之，高校绩效工资制度作为一种奖励性工资制度，能够有效地激发员工的积极性和动力，使其提高工作质量和效率。同时，这种制度还可以促进员工的职业发展，提升员工的归属感和满意度。通过不断改进和完善绩效工资制度，可以推动高校教育机构的稳定发展，使其实现更高水平的教育事业。

（二）以个体绩效为导向

以个体绩效为导向是高校绩效工资制度的基本特点之一。它强调将工资与个体的工作表现和贡献挂钩，通过评估个体在教学、科研、学术服务等方面的绩效来奖励其突出的表现和成果。

首先，在教学方面，高校绩效工资制度会考虑教师的教学质量和效果。这包括学生评价、教学评估、课堂教学观察等指标。教师的教学水平和教学成果将直接影响其绩效评价和相应的绩效工资奖励。

其次，在科研方面，高校绩效工资制度注重评估教师的科研能力和科研成果。这可以包括发表论文的数量和质量、获得的科研项目、专利和技术转化等。教师在科研领域的杰出表现将有助于提高其绩效评价，并使其获得相应的绩效工资奖励。

最后，高校绩效工资制度还会考虑教师在学术服务方面的贡献。学术服务可以包括担任学术组织的职务、参与学术评审和专家咨询、组织学术会议等。教师在学术服务领域的积极参与和突出表现将对其绩效评价产生积极影响，并使其获得相应的奖励。

以个体绩效为导向的高校绩效工资制度鼓励教师充分发挥个人才能和专业知识，持续提升自身的教学水平和科研能力。这种制度激励教师投入更多的时间和精力来改善教学质量，推动科研创新，并积极参与学术服务活动。通过将工资与个体绩效挂钩，高校绩效工资制度促进了教师的个人成长与发展，也有助于提升整个高等教育机构的教学水平和科研实力。

（三）公正透明的评价机制

1. 客观性与可衡量性

公正透明的评价机制首先要确保评价指标是客观的，这意味着评估标准不应受到主观因素的影响。同时，评价指标还应该是可衡量的，即可以量化员工的工作表现，以确保评价结果的精确性和可信度。高校应制定明确的评估指标和标准，并确保所有员工都了解这些指标和标准，以便他们可以更好地理解自己的工作表现如何被评估。

2. 权重分配公正合理

在制定评价指标时，高校需要考虑各个指标的重要性，并为它们分配适当的权重。权重分配应该是公正和合理的，即要反映各个指标在整体评价中的相对重要性，避免出现偏袒某些指标的情况，以确保所有员工都受到公平的评估。此外，高校应该定期审查和调整权重分配，以适应高校教育机构的发展需求和目标的变化。

3. 公开透明的评价过程

公正透明的评价机制还要求评价过程公开透明。这意味着员工应该能够了解他们的评价结果以及这个结果是如何得出的。高校应该建立公开透明的评价流程，让员工了解评价的每个步骤和环节，包括自我评价、同事评价、领导评价等。此外，员工应该有机会对评价结果进行反馈和质疑，以便高校能够及时纠正和解决任何潜在的不公正问题。

4. 监督与问责机制

为确保公正透明的评价机制得以贯彻执行，高校应建立相应的监督与问责机制。即有专门的监督机构或者评审委员会对评价过程和结果进行监督和审查，确保评价的公正性和透明度。同时，对于任何有关评价不公的问题，高校应该建立有效的问责机制，及时处理问题，对于涉嫌不公正的行为给予相应的惩戒，以维护绩效工资制度的公正性和权威性。

5. 制度文化的培育

公正透明的评价机制需要融入高校的文化中，成为大家共同遵循的价值观。高校应致力于培养一种公正、透明、基于绩效的文化，让员工充分认识公正透明的评价机制对于他们职业发展的重要性。高校可通过培训和教育，提高员工的意识和素质，让他们理解并接受绩效工资制度的公正透明原则。

总之，公正透明的评价机制是高校绩效工资制度的关键要素之一，可以确保绩效工资制度的公正透明，进而提高员工的工作积极性和效率，促进高校教育机构的发展。

（四）多维度评价

1. 教学质量

教学质量是高校教育机构的核心，因此，高校绩效工资制度应该考虑教师的教学质量。这不仅包括他们所教授的课程内容，还应包括他们的教学方法、课堂互动以及学生的反馈等。为了确保评价的公正性，高校应该有一套明确的教学质量评价标准和程序。

2. 科研成果

科研是高校的重要功能之一，因此，高校绩效工资制度也应该考虑教师的科研成果。这包括他们所发表的论文、研究报告、专利等，以及他们参与的科研项目和获得的科研奖项。科研成果的评价通常需要依据具体的学科和研究领域，因此，高校在制定评价标准时需要考虑这些因素。

3. 学术影响力

学术影响力是衡量教师学术水平的一个重要指标，也是高校教育机构声誉的体现。因此，高校绩效工资制度也应该考虑教师的学术影响力。这可以通过跟踪他们发表论文的被引用的情况、他们参与的学术会议以及他们在学术团体中的任职情况等方式来评价。

4. 其他教学和科研活动

除了上述教学质量、科研成果和学术影响力，教师的其他教学和科研活动也应该被考虑在绩效工资制度的评价中。例如，他们参与的学生指导工作、他们参与的社区服务、他们的专业发展活动等，都应该是评价的一部分。

5. 团队工作和协作能力

在高校中，团队工作和协作能力是非常重要的。因此，高校绩效工资制度也应该考虑教师的团队工作和协作能力。这包括他们与同事的协作情况、他们参与的团队项目等。

总之，高校绩效工资制度具有多维度评价的特点。可以全面评估个体在不同方面的工作表现，避免片面评价和单一指标导致的局限性。这种评价方式可以更好地激励教师发挥自己的优势，从而促进高校教育机构的发展。

（五）灵活性和动态性

1. 灵活性

灵活性是指绩效工资制度能够根据各种变化和需求进行调整。这种灵活性允许高校管理者在各种情况下对绩效评价制度进行微调，以满足不同岗位和环境的需求。

（1）评价指标的灵活性

评价指标是用来衡量员工业绩的标准。对于不同的岗位和学科，高校需要使用不同的评价指标。例如，对于教授，评价指标可能包括发表的论文数量、研究的项目经费、学生的评价等。而对于行政人员，评价指标可能包括完成的工作任务、管理的项目、学生的满意度等。总之，评价体系应具备足够的灵活性，允许高校根据岗位特性和学科需求调整评价指标。

（2）权重分配的灵活性

在评价指标确定后，高校还需要根据各项指标的重要程度为其分配不同的权重。不同的岗位和学科，其各项指标的权重也可能不同。例如，对于以科研为主的教授，研究项目和发表论文的权重可能需要更高。而对于以服务为主的行政人员，管理和沟通能力的权重可能需要更高。总之，评价体系应具备足够的灵活性，允许高校根据岗位特性和学科需求调整各项指标的权重。

（3）计算方法的灵活性

除了评价指标和权重分配，绩效工资的计算方法也需要具备灵活性。这包括如何计算绩效分数、如何确定绩效等级以及如何将绩效等级转化为实际工资等。不同的岗位和学科可能需要使用不同的计算方法。例如，对于教授，可能需要根据论文的影响因子、项目的级别等来计算绩效分数。而对于行政人员，可能需要根据任务的难度、工作的时长等来计算绩效分数。总之，评价体系应具备足够的灵活性，允许高校根据岗位特性和学科需求调整计算方法。

2. 动态性

动态性是指绩效工资制度能够随着时间和环境的变化做出相应的调整。这种动态性使得绩效工资制度能够适应不断变化的工作环境和岗位需求。

（1）评价标准的动态性

评价标准是用来衡量员工业绩好坏的标准。随着时间和环境的变化，评价标准可能也需要做出相应的调整。例如，如果某一学科的研究方向发生了变化，那么该学科教授的评价标准也可能需要做出相应的调整。

（2）权重分配的动态性

权重是用来衡量各项评价指标重要程度的指标。随着时间和环境的变化，各项指标的重要性可能也会发生变化，因此权重分配也可能需要做出相应的调整。例如，如果一个学校的办学重心从教学转向科研，那么科研评价指标的权重可能需要相应增加。

（3）计算方法的动态性

计算方法是用来确定绩效工资的工具。随着技术和环境的变化，计算方法也可能需要做出相应的调整。例如，随着大数据和人工智能技术的发展，可以使用更复杂的算法来计算绩效分数和等级。

总之，高校绩效工资制度的灵活性和动态性不仅需要适应不同岗位的需求和变化的工作环境，还需要能够根据实际情况进行相应的调整和改进。这可以通过定期的评估、反馈与调整来实现，以确保绩效工资制度的公正性和激励效果。

（六）激励差异化

高校绩效工资制度通过奖励优秀的工作绩效，来激发员工的积极性和创造力。这种激励机制的核心在于，它承认并奖励那些能够超越职责或者岗位要求，取得优秀成果的员工。同时，它也让那些没有达到预期的员工了解他们需要改进的地方，从而提升他们的工作表现。

1. 绩效评价标准的差异化

对于不同岗位和职务的员工，高校应该采用不同的绩效评价标准。这是因为不同岗位的工作性质、工作负载和责任是不同的，因此评价他们的绩效需要使用不同的标准。例如，对于教授，其评价标准可能包括发表的论文数量、研究的项目经费、学生的评价等；而对于行政人员，其评价标准可能包括完成的工作任务、管理的项目、学生的满意度等。

2. 奖励种类的差异化

除了评价标准的差异化，奖励的种类也应该根据员工的工作性质和贡献进行差异化。例如，对于那些在重大研究项目上取得突破的教授，可以给予其额外的科研奖励或者经费支持。而对于那些在服务工作中表现出色的行政人员，可以给予其提升职位或者额外的奖金等奖励。

3. 激励方式的差异化

除了奖励种类，激励方式也可以进行差异化。例如，对于年轻员工，提供职业发展机会和培训可能更具吸引力。而对于年长员工，他们可能更看重工作的稳定性和工作环境。因此，高校应该根据不同员工的年龄、职业阶段和需求，采用不同的激励方式。

总之，高校绩效工资制度通过奖励优秀绩效，激发员工的积极性和创造力，并实现激励差异化。这种差异化的激励方式使每一个员工都能够在自己的工作领域中获得适当的认可和奖励，从而进一步激发他们的工作热情和创造力。同时，这也为高校提供了吸引、保留和激励人才的强大工具，有助于推动高校的持续发展和提升高校的竞争力。

（七）制度完善和持续改进

随着教育环境和需求的不断变化，绩效工资制度也需要不断进行调整和改进，以适应新的发展需要。这包括定期评估制度的有效性、分析存在的问题并制定相应的改进措施，以及引入新的绩效评价技术和方法等。

1. 绩效工资制度的定期评估

定期评估制度的有效性是持续改进和优化的基础。高校应该制订绩效工资制度的评估计划，定期对制度进行全面的评估，以便了解制度是否仍然适合教育环境和需求。

2. 数据分析与改进

通过收集和分析绩效工资制度相关的数据，高校可以了解制度的优点和不足之处。通过对数据的分析，高校可以制定有针对性的改进措施，以提高制度的公平性和有效性。

3. 引入新的绩效评价技术和方法

随着绩效评价技术和方法的发展，高校应该积极引入适合自身情况的新技术和新方法。例如，可以使用大数据技术对绩效数据进行全面分析，或者使用人工智能技术实现绩效评价过程的自动化等。

4. 员工参与与反馈

员工是绩效工资制度的直接参与者，他们的意见和建议对制度的改进和优化具有重要的参考价值。高校应该积极鼓励员工参与绩效工资制度的制定和改进过程，并听取他们的意见和建议，以便不断完善和优化制度。

总之，建立完善的制度和机制是高校绩效工资制度的基础，而持续改进和优化制度则是确保其适应不断变化的教育环境和需求的必要手段，高校应该不断完善和优化绩效工资制度，从而激发员工的工作热情和创造力，从而提高高校的整体竞争力，推动高校的可持续发展。

第二节　高校绩效工资的组成要素

一、绩效评价指标

（一）绩效评价指标的重要性

随着教育领域的发展和高等教育竞争的加剧，高校绩效评价成为评估和提升高校发展水平的重要手段。高校绩效评价指标作为衡量高校教学、科研、社会服务等方面表现的标准，对于推动高校内部管理改革、提高办学质量、促进高校发展具有重要意义。下面将从以下几个方面探讨高校绩效评价指标的重要性。

首先，高校绩效评价指标可以促进高校内部管理改革。高校作为一个特殊的组织，需要实现内外部资源的合理配置和有效利用。绩效评价指标能够帮助高校确定目标和任务，并通过对各项指标的测评，发现高校存在的问题和短板，进而引导高校进行内部管理改革，提升高校管理效能。例如，在教学方面，高校可以通过评价指标来了解教师的教学质量和学生的学习情况，从而制定相应的培养计划和改进措施，进而提高教学质量。在科研方面，评价指标能够评估科研人员的学术贡献和科研成果，推动其科研水平的提升。总之，通过绩效评价指标的引导，高校可以不断完善内部管理机制，提高办学效益。

其次，高校绩效评价指标对于提高高校办学质量具有重要作用。高校是培养人才和传播知识的重要场所，其办学质量直接关系国家的发展和社会的进步。绩效评价指标能够客观地评估高校教育教学的质量和水平。从教学方面来看，评价指标可以衡量师生比例、教师的教学能力和学生的学习情况等因素，并以此为基础提出改进方案，提高教学质量。从科研方面来看，评价指标可以评估科研人员的科研能力和科研成果，鼓励和支持科研工作的开展。总之，高校积极参与绩效评价，能够促使高校加强教学和科研工作的规范化、专业化，提升高校整体办学质量。

最后，高校绩效评价指标对于促进高校发展具有重要意义。高校作为知识创新和人才培养的重要基地，其发展水平直接影响国家的科技创新和经济发展。通过绩效评价指标可以全面、客观地评估高校在教学、科研、社会服务等方面的表现，并将其与其他高校进行比较，从而形成相应的竞争机制。在评价指标的指导下，高校可以优化资源配置、提升办学水平、不断提高自身的核心竞争力。同时，高校绩效评价指标也能够为高校的发展方向和战略规划提供参考。通过分析绩效评价指标的得分情况，高校可以了解自身在不同方面的优势和不足，并制定相应的发展战略。比如，在学科建设方面，评价指标可以衡量学科的覆盖范围、人才队伍的素质和科研水平等，为高校制定学科建设的重点和目标提供依据。在国际合作与交流方面，评价指标可以评估高校的国际影响力和国际化程度，鼓励高校积极开展国际合作与交流活动，从而提高高校的国际竞争力。因此，高校绩效评价指标对于促进高校发展具有重要意义。

（二）绩效评价指标的具体内容

高校绩效评价指标的设置是构建科学合理的高校绩效评价体系的关键。下面将对高校绩效评价指标进行详细的分析。

1. 高校绩效评价指标的划分

（1）依据评价目的划分

根据评价目的的不同，高校绩效评价指标可以分为综合评价指标和专项评价指标。综合评价指标主要用于评估高校的整体绩效，包括教学、科研、社会服务等方面；而专项评价指标主要用于评价高校某一方面的绩效，如教学质量、科研成果、社会服务贡献等。

（2）依据评价对象划分

根据评价对象的不同，高校绩效评价指标可以分为教师绩效评价指标、学院绩效评价指标、专业绩效评价指标等。教师绩效评价指标主要评价教师个人的教学、科研、社会服务等方面的绩效；学院绩效评价指标主要评价学院整体的绩效；专业绩效评价指标则主要评价特定专业的整体绩效。

（3）依据评价周期划分

根据评价周期的不同，高校绩效评价指标可以分为年度评价指标、学期评价指标等。年度评价指标主要用于评价高校年度整体绩效，学期评价指标则主要用于评价高校学期整体绩效。

2. 常用的高校绩效评价指标

（1）资源投入指标

资源投入指标是高校绩效评价制度中的基础性指标之一，主要用于衡量高校在人、财、物等方面的投入情况，主要包括教师数量、学生数量、教学设备投入、科研经费投入等。这些指标可以反映高校的规模和实力，为后续的评价提供基础数据。

（2）教学指标

教学指标是高校绩效评价体系中的重要组成部分，主要用于评价高校的教学质量，主要包括生师比、教师人均授课节数、学生满意度、毕业生质量等。这些指标可以反映高校的教学水平和教学质量，是保证高校人才培养质量的重要因素。

（3）科研指标

科研指标主要用于评价高校的科研水平和科研成果的质量，主要包括科研经费总量及来源、人均科研经费、核心期刊论文数、发明专利数量等。这些指标可以反映高校的科研实力和学术水平，是高校科技创新能力和国际竞争力的重要体现。

（4）社会服务指标

社会服务指标主要用于评价高校在社会服务方面做出的贡献，主要包括高校为企业、政府和社会提供的咨询服务、横向课题数量与经费、科技成果转化等。这些指标可以反映高校的社会服务能力和水平，是高校社会声誉和办学水平的重要体现。

（5）管理水平指标

管理水平指标主要用于评价高校的管理水平和效率，主要包括高校的组织机构设置、人事管理、财务管理、质量管理等方面。这些指标可以反映高校的管理能力和水平，是高校健康、持续发展的重要体现。

二、绩效评价指标的权重分配

高校绩效工资制度的绩效评价指标的权重分配是设计绩效工资制度的核心环节，其直接影响制度的实施效果和目标的实现。下面将对高校绩效工资制度的绩效评价指标的权重分配进行深入探讨。

（一）绩效评价指标权重分配的原则

在进行绩效评价指标权重分配时，应该遵循以下原则：

1. 突出重点

在权重分配时应该突出重点，既要突出教学和科研等核心任务的重要性，又要兼顾其他指标的重要性。

2. 灵活性和适应性

权重分配应该具有一定的灵活性和适应性，能够根据不同学科和专业的特点进行调整和优化。

3. 激励和约束相结合

权重分配应该既具有激励作用，使教师有足够的动力去提高自己的工作绩效，又应该具有一定的约束作用，对工作不努力、工作质量不高的教师起到惩罚作用。

4. 公开透明

权重分配应该公开透明，让教师了解不同指标的权重和评价标准，促进教师之间的良性竞争。

（二）不同指标的权重分配

1. 教学和科研指标的权重分配

教学和科研是高校教师最重要的工作任务，也是衡量其绩效最重要的指标之一。教学指标主要包括教学工作量、教学质量、教学方法等，科研指标主要包括科研项目级别与数量、发表论文数量和质量、获得科研奖励等。在权重分配方面，应该根据不同学科和专业的特点，综合平衡教学和科研指标的权重。一般来说，对于一般普通高校而言，教学的权重应该略高于科研，因为教学是高校的基本任务。但是，对于一些研究型高校，科研的权重应该适当提高。

2. 社会服务、管理与服务质量指标的权重分配

社会服务、管理与服务质量也是高校教师工作绩效的重要体现。社会服务主要包括为企业提供技术支持、为社会培训人才、参与社会公益活动等，管理与服务质量主要包括参与学校管理的情况、为学生提供心理咨询服务、担任班主任等。这些指标虽然不是衡量教师绩效的直接指标，但是其对于推进高校的各项事业发展非常重要。在权重分配方面，可以根据不同学科和专业的特点，适当增加社会服务、管理与服务质量指标的权重，以更好地体现高校教师的综合能力和素质。

3. 个人素质和发展指标的权重分配

个人素质和发展指标是反映高校教师潜力和未来发展前景的重要指标。个人素质主要包括沟通能力、组织协调能力、学习能力等，这些指标可以体

现教师的综合素质和发展潜力。在权重分配方面，应该根据不同学科和专业的特点，适当增加个人素质和发展指标的权重，以更好地促进教师的个人发展和学校的长远发展。

（三）绩效评价指标权重分配的实际应用

在实际应用中，可以根据不同岗位和职务的特点制订不同的评价指标权重分配方案。例如，对于教学型教师而言，可以突出教学指标的权重，同时兼顾科研和社会服务等方面的指标；对于科研型教师而言，可以突出科研指标的权重，同时兼顾教学和社会服务等方面的指标。此外，还可以根据不同学科和专业的特点制订相应的评价指标权重分配方案，以更好地适应学科和专业的特殊需求。

总之，高校绩效工资的绩效评价指标权重分配是设计绩效工资制度的核心环节之一，需要结合实际情况和不同学科、专业的特点进行综合考虑，并在权重分配过程中应该遵循突出重点、灵活适应、激励和约束相结合、公开透明等原则，制订科学合理的方案，以更好地促进高校各项事业的发展。

三、绩效工资计算方法

高校绩效工资的绩效工资计算方法是一项复杂的工作，因为它涉及多个因素和评价标准，同时还需要确保公平和激励作用。以下是一种可能的计算方法，仅供参考。

首先，我们需要确定绩效工资的总额。这个额度一般由高校的人事部门根据学校的财务状况、政策规定以及员工的职务等级等因素来制定。假设绩

效工资的总额为 P 元。

其次，我们需要对每个员工的绩效进行评估。评估标准可能包括员工的教学工作量、科研成果、论文发表情况、学生评价、同事评价等多个方面。评估可以采用量化的方式，比如对教学工作量和科研成果赋予一定的权重，然后根据权重计算得分。

假设员工 A 在教学工作量方面获得 80 分，在科研成果方面获得 90 分，在学生评价方面获得 85 分，在同事评价方面获得 90 分。这些分数将被乘以相应的权重，例如教学工作量的权重为 30%，科研成果的权重为 40%，学生评价的权重为 20%，同事评价的权重为 10%。将这些分数加权求和得到 A 的总得分 S_A。

$$S_A=80\times 30\%+90\times 40\%+85\times 20\%+90\times 10\%=86$$

最后，我们计算 A 的绩效工资。假设绩效工资的总额 P 为 100 万元，所有员工的总得分 S 为 100 分，而 A 的得分 S_A 为 86 分，那么 A 的绩效工资可以计算如下：

$$\text{A 的绩效工资}=(S_A/S)\times P=(86/100)\times 100\text{ 万元}=86\text{ 万元}$$

这个计算方法中，绩效工资的总额 P 是一个固定的数值，因此，当总得分 S 越高时，每个员工的绩效工资也会相应地提高。同时，由于每个员工的得分不同，其最终获得的绩效工资也会有所差异。

需要注意的是，上述计算方法仅为示例，实际操作中可能还需要考虑其他因素。同时，为了确保公平性和激励作用，需要制定科学、合理的评估标准和方法，并加强监督和审核。

总之，高校绩效工资的绩效工资计算方法需要结合学校实际情况制定相应的标准和流程，并根据员工的实际表现和工作成果进行计算和发放，以更好地激发员工的工作积极性和创造力。

第二章

高校绩效工资的影响因素

第一节　教师个人因素的影响

一、教师的专业知识和技能

随着社会的发展，教育的重要性也逐渐受到广大人民群众的高度重视。作为教育事业中的一线人员，教师的专业知识和技能不仅对学生的学习成绩和发展起着至关重要的作用，还直接影响教师自身的职业发展和收入水平。

第一，教师的专业知识和技能是教师工作的基础。教师在教学过程中需要掌握扎实的学科知识，了解最新的教学理论和方法，并能够根据学生的特点和需求灵活运用。只有具备了专业知识和技能，教师才能够更好地开展教学工作，提高教育教学质量。而教育教学的质量直接关系学生的学习效果，因此，专业知识和技能的优劣将直接影响教师工作的绩效评价，进而影响教师的绩效工资水平。

第二，教师的专业知识和技能是教师职业发展的重要支撑。在现代社会，教师职业发展已经不再局限于传统的升迁和晋升，而更注重教师个人素质和能力的提升。具备优秀的专业知识和技能，意味着教师在教育领域具备更广阔的发展空间和更高的竞争力。扎实的学科知识和独特的教学技能将使教师在教学实践中脱颖而出，拥有更多的机会参与一些重要的教育改革项目和课题研究，从而为自己的职业发展打下坚实的基础，从而间接影响教师的绩效工资水平。

教师的专业知识和技能对绩效工资的影响体现了激励机制的公平性和合

理性。绩效工资作为一种奖励措施，旨在激励教师提高教学质量和工作效率，进而提升学校整体的教育水平。只有通过评价教师的专业知识和技能，将其与绩效工资挂钩，才能够使绩效工资的分配更加公平合理。在这种机制下，优秀的教师将会获得相应的奖励，而一些业绩较差的教师将受到相应的惩罚，从而形成了良性竞争的氛围，推动教育事业的进步。

二、教师的教学能力和科研水平

教师的教学能力和科研水平是评价一个教师综合素质的重要指标，也是衡量教师绩效工资的标准之一。教师的教学能力体现了教师在课堂教学中的表现和成果，而其科研水平则反映了教师在学术研究方面的能力和贡献。这两个方面的衡量对绩效工资有着重要的影响，可以从以下几个方面进行分析。

首先，教师教学能力的衡量对绩效工资的影响体现了高校对教育教学质量的重视。教师的首要职责是进行有效的教学工作，提高学生的学习成绩和发展水平。因此，教师教学能力的衡量是评价教师工作绩效的重要依据之一。利用教学能力的衡量标准，可以评估教师的授课水平、教学方法和教学效果等，进而确定其绩效工资的水平。这种评价机制能够激励教师提高教学能力，不断探索新的教学方法，提升教学质量。

其次，科研水平的衡量对绩效工资的影响体现了教师学术研究的重要性。教师作为高等教育领域的学者和专家，应当具备一定的科研能力，积极参与学术研究和学科建设。科研水平的衡量可以通过发表的学术论文、参与的科研项目、获得的科研成果等来评估。教师的学术研究水平直接反映了他们在学科领域中的声誉和贡献，也体现了他们对学科知识的深入理解和掌握程度。因此，科研水平的衡量对绩效工资的影响，可以激励教师积极投入科研工作，提高学科建设水平，推动学校的学术发展。

最后，教师教学能力和科研水平的衡量还能够促进教师的个人成长和职业发展。通过对教师教学能力和科研水平的评价，可以为教师提供反馈和指导，帮助他们发现自身的不足和改进方向。教师在个人成长的过程中，不断提高教学能力、拓展科研领域，不仅有助于提高其绩效工资水平，还能为教师的职业发展打下坚实的基础。优秀的教学能力和科研水平将为教师提供更多的晋升机会和职业发展空间，促使他们在教育事业中取得更大的成就。

三、教师的继续教育和专业发展

随着教育事业的不断发展和社会需求的不断变化，教师的继续教育和专业发展日益受到重视。教师的继续教育指的是教师在在职期间通过学习、培训和进修等方式提升自身的知识水平和教学技能；而专业发展则强调教师在特定领域或专业方向上的深入学习和发展。教师的继续教育和专业发展对其绩效工资有着重要的影响，可以从以下几个方面进行分析。

首先，教师的继续教育和专业发展提可以高教师的专业素养和教学能力。继续教育活动为教师提供了持续学习和更新知识的机会，使其能够跟上教育改革和学科发展的步伐。通过参加各类培训、研讨会、学术交流等活动，教师可以不断拓宽自己的知识面，了解最新的教学理念和教育技术，提升自己在教学中的能力和水平。这将直接影响教师的绩效工资，因为教师的教学能力是评价其工作绩效的关键指标之一。

其次，教师的继续教育和专业发展促进了教师的职业发展和晋升。随着继续教育的深入和专业发展的推进，教师能够逐步获得更多的学术成果和专业认证。这些成果和认证不仅可以增强教师在学校的竞争力，还能够为其个人的职业发展提供更多的机会。例如，通过参加研究项目、发表论文等，教师可以积累丰富的科研经验和较高的学术声誉，从而在晋升评定和职务任免中更具优势，而这将直接影响教师的绩效工资水平和职业发展空间。

最后，教师的继续教育和专业发展对于提高教育质量和学校声誉也起到了重要的推动作用。教师作为教育事业的主要承担者，其专业素养和能力直接影响学校整体的教育质量和声誉。通过持续的继续教育和专业发展，教师能够不断提升自己的教学水平和专业能力，为学生提供更好的教育服务。这将增强学校的竞争力和吸引力，进而提高学校的知名度。因此，在绩效工资的分配中，学校会根据教师的继续教育和专业发展情况给予相应的奖励，激励教师积极参与教育改革和学科建设。

第二节　学科和学科群的影响

一、学科特点对绩效工资的影响

不同的学科具有各自独特的特点和要求，这些特点和要求直接影响教师的工作表现和绩效评价。以下将从学科的知识性、实践性、创造性以及市场需求对学科的要求等方面探讨学科特点对绩效工资的影响。

首先，学科的知识性对绩效工资的影响体现了学科知识的复杂性和深度。不同学科的知识层次和难度各不相同，例如理工科相对于文科来说更加注重理论和实践应用。因此，在评价教师绩效时，需要考量学科知识的掌握程度和运用能力。对于较为专业化的学科，教师需要具备深厚的学科知识，并能够准确传递给学生，促进学生对学科的理解和掌握。相应地，该要求也会在绩效评价中占有较高的比重。

其次，学科的实践性是影响绩效工资的另一个重要因素。某些学科具有较强的实践性，如医学、工程等。这些学科要求教师具备一定的实践经验和操作能力，能够将理论知识应用于实际场景。教师在实践中的表现直接关系学生的动手能力和就业竞争力。因此，在评价教师绩效时，需要考察教师的实践能力和实际操作水平。对于具有较强实践性的学科来说，教师在实践方面的表现往往会对绩效工资产生更大的影响。

再次，学科的创造性也是评价教师绩效的重要指标之一。某些学科更加注重创新和独立思考，例如艺术、设计和科研领域。这些学科要求教师具备创造性思维和创新能力，能够激发学生的创造力和创新精神。教师的创造性表现不仅能够提高学生的综合素质，还能对学科和专业的发展起到积极推动作用。因此，在评价教师绩效时，需要考察教师在创造性方面的表现。而创造性较高的学科会对教师在创造性方面有更高的绩效要求。

最后，市场需求也会对绩效工资产生影响。随着社会经济的发展和行业的变化，不同学科和专业的就业前景和薪酬待遇也存在差异。一些具有较高市场需求和竞争力的学科和专业，如信息技术、金融等，对于教师的绩效评价可能会有更高的要求。这是因为这些学科和专业的教师在就业市场上的竞争压力较大，需要具备较高水平的专业知识和技能，才能满足市场的需求。因此,在评价教师绩效时,教师在相关领域的市场价值也会成为考量因素之一。

二、不同学科群对绩效工资的影响

随着教育改革和发展的不断推进，整个社会对教师绩效评价的要求也越来越高。不同学科群的教师在知识体系、教学方式、研究方法等方面存在着差异，因此其绩效评价指标也会有所不同，进而影响教师的绩效工资。

（一）文科学科群

文科学科群注重人文思维、语言表达和社会科学研究，其绩效评价主要关注以下几个方面：

1. 教学能力

文科学科群的教师需要具备良好的语言表达能力和教学方法，能够激发学生的创新思维和创造力,促进学生的人文素养和社会科学思维能力的提高。

2. 学术研究

文科学科群对教师的学术研究水平有一定的要求，包括教师在相关领域的学术论文发表、学术交流活动参与等。教师的学术研究成果和学术声誉会对其绩效评价产生重要影响。

3. 学科贡献

文科学科群对教师在学术领域的影响力和学科发展的贡献也有一定的考

量。这包括教师在学科组织、学术委员会等方面的参与，以及课程设计与开发等方面的创新。

（二）理科学科群

理科学科群注重科学思维、实验技能和数学推导能力，其绩效评价主要关注以下几个方面：

1. 实验技能

理科学科群的教师需要具备良好的实验技能，能够熟练操作实验仪器和设备，组织和指导学生进行实验实践，并引导学生运用科学方法解决问题。

2. 教学效果

理科学科群注重学生对科学知识的掌握和应用能力，因此教师的教学效果其是绩效评价的重要指标之一。这包括学生的学习成绩、实验报告质量、科学项目获奖情况等。

3. 科研水平

理科学科群对教师的科学研究水平有较高要求，包括发表学术论文、申请科研项目、获得专利等。教师的科研成果和影响力对其绩效评价产生重要影响。

（三）艺术类学科群

艺术类学科群注重创造性表达、审美意识和艺术技巧，其绩效评价主要关注以下几个方面：

1. 创作能力

艺术类学科群的教师需要具备较高的创作能力和艺术实践经验，能够培养学生的艺术创作能力和审美情感。

2. 教学效果

艺术类学科群注重学生的艺术表现和艺术品质，因此，教师的教学效果是其绩效评价的重要指标之一。这包括学生的艺术作品质量、参与艺术展览和演出的情况等。

3. 艺术影响力

艺术类学科群对教师在艺术领域的影响力和艺术贡献也有一定的考量。这包括教师在艺术组织、艺术团体等方面的参与，以及在艺术创新和推广方面的贡献。

需要注意的是，不同学科群的绩效评价指标并非完全独立，各个学科群之间可能存在一定的交叉和重叠。例如，文科学科群中的教学能力在理科学科群中同样重要，而理科学科群中的科研水平和艺术类学科群中的创作能力都需要教师具备一定的专业素养。因此，在具体的绩效评价过程中，需要根据不同学科群的特点灵活运用各项指标，确保评价的全面性和公正性，进而保证绩效工资的公平性、合理性。

三、跨学科研究对绩效工资的挑战

跨学科研究是指在不同学科领域之间进行的合作性研究，旨在解决复杂的问题和推动创新。而绩效工资是根据个人的工作表现来确定薪酬水平的一种制度。然而，将这两个概念结合起来面临一些挑战，下面将从多个角度探讨这些挑战。

首先，跨学科研究涉及不同学科领域的专家和研究者的合作。这些合作需要各方共享资源、信息和知识，并协调各自的工作。然而，绩效工资往往是以个人为单位进行评估和奖励的，这会导致团队成员之间的合作和分享变得困难。如果一个研究团队中的某个成员取得了重要的突破，但其他成员的贡献较小，那么如何公平地分配绩效工资就成了一个问题。

其次，跨学科研究常常需要长期的合作才能取得进展。由于不同学科领域的专业知识存在差异，研究团队成员之间的沟通和理解需要时间和耐心。然而，绩效工资往往是按照年度评估的方式进行的，这会忽视长期合作带来的成果。研究人员可能需要多年才能取得突破性的发现，但如果只依靠年度绩效评估来确定薪酬水平，那么这些成果可能无法得到应有的认可和奖励。

最后，跨学科研究面临着评价标准的挑战。不同学科领域具有不同的研究方法、指标和评价体系，这使跨学科研究的成果难以与传统学科研究的成果进行直接比较和评估。绩效工资制度往往需要明确的评价指标和标准来评估个人的工作表现，但对于跨学科研究来说，如何设计出公平合理的评价体系是一个复杂的问题，而评价体系的设计直接影响绩效工资的发放。

针对以上挑战，可以探索一些解决方案。首先，跨学科研究团队可以采用团队绩效评价的方式来确定绩效工资的分配，这样可以更好地反映团队成员之间的合作和贡献。其次，可以考虑引入长期绩效评估的机制，以便能够更好地认可和奖励长期合作带来的成果。最后，需要建立一套适合跨学科研究的评价指标和评价体系，以确保公平和准确地评估跨学科研究的成果。

第三章

高校绩效工资制度的建立

第一节　绩效工资制度的设计原则

一、公平公正原则

高校绩效工资制度的设计原则之一是公平公正原则。公平公正是指在绩效工资的分配过程中，依据一定的标准和规则，确保员工获得合理的报酬，并保证各个员工之间享有平等的机会，而不受任何歧视和偏见的影响。公平公正原则在高校绩效工资制度的设计中起着至关重要的作用，旨在建立一个公正、透明、可信赖的工资分配机制，激励教职工积极参与教学科研工作，促进高校的可持续发展。

公平公正原则在高校绩效工资制度设计中应当注意以下几个方面：

1. 公正的评价体系

建立科学合理的绩效评价指标体系，确保评价结果真实客观。评价指标应该能够全面反映教师的工作质量和业绩，包括教学水平、科研成果、学术声誉等方面。评价过程应透明公开，避免主观性评价和人为干扰。

2. 公平的权益保障

确保每位教职工享有平等的机会和权益，不受歧视和偏见的影响。制定明确的规则和流程，防止不公平现象的发生。同时，要加强对教职工权益的保护，如建立完善的绩效申诉机制，让教职工有途径解决不公平待遇的问题。

3. 公开透明的信息公示

及时向教职工公示绩效评价结果、工资分配标准等相关信息，让教职工清晰了解自己的绩效状况和工资分配情况。公示应当公开透明，避免隐瞒或不公开重要信息，确保教职工对工资分配结果有充分的知情权。

4. 考虑个体差异

考虑每位教职工的个体差异，制定灵活多样的激励机制。因为每个人的能力、贡献和工作条件都不同，所以不能简单地套用统一的激励方式。应根据教职工的实际表现和特点，给予个体化的激励措施，让教职工感受到公平和公正。

5. 持续改进和反馈机制

绩效工资制度应具备持续改进的特点，并提供教职工反馈的渠道。通过定期的评估和反馈机制，及时了解教职工对绩效工资制度的意见和建议，不断完善制度，提升公平公正性。

公平公正原则的贯彻实施需要高校管理部门和全体教职工的共同努力。高校应当建立监督机制，确保绩效工资制度的公平公正性得以落实。同时，教职工也要增强法律意识和权益保护意识，主动维护自身权益，积极参与制度的建设和改进。

二、激励机制原则

高校绩效工资制度的设计原则之一是激励机制原则。激励机制是指通过合理的激励措施，调动教职工的积极性、创造力和工作热情，促进其更好地履行职责，提高工作效率和质量。在高校绩效工资制度的设计中，激励机制起着重要的作用，可以有效地激发教职工的潜力，推动高校的发展。

在激励机制原则的指导下，高校绩效工资制度的设计应注意以下几个方面：

1. 公平公正的激励方式

采用公平公正的激励方式，确保每位教职工获得公平对待和合理的报酬。激励方式可以包括基本工资、绩效奖金、津贴和福利等多种形式，但要保证激励方式的公正性和透明度，避免不公平现象的出现。

2. 高度与贡献相匹配

激励机制应与教职工的贡献程度相匹配，即工资收入与工作表现成正比。通过建立科学合理的绩效评价体系，将教职工的绩效和贡献量化，并与薪酬挂钩，使教职工能够直观地看到自己的工作表现与收入之间的关系。

3. 灵活多样的激励措施

根据教职工的不同需求和特点，制定灵活多样的激励措施。可以根据教师的职称、岗位级别、工作年限等因素，给予不同层次和档次的激励奖励。同时，还可以设置一些特殊奖励，如科研成果奖励、教学质量奖励等，以鼓励教职工在不同领域取得突出的成就。

4. 可持续发展的长期激励

除了短期的激励措施，还应考虑长期的激励机制，以推动教职工的持续发展。例如，建立培训发展计划，提供学习机会和晋升渠道，激励教职工不断提升自身的专业水平和能力，更好地适应高校的发展需求。

5. 激励效果的评估和调整

激励机制的设计不应是一成不变的，需要进行定期的评估和调整。通过对激励效果的评估，了解教职工对激励措施的反馈和满意度，并根据实际情况进行相应的调整和改进，使激励机制能够持续发挥积极的激励作用。

三、简明透明原则

高校绩效工资制度的设计原则之一是简明透明原则。简明透明是指绩效工资制度应该以简洁明了和透明公开为基础，使教职工能够清晰了解工资分配规则和标准，同时也能够有效监督和评估制度的执行情况。简明透明原则在高校绩效工资制度的设计中起着重要的作用，有助于建立一个公开、公正、可信赖的工资分配机制，提升教职工对制度的认同感和满意度。

在简明透明原则的指导下，高校绩效工资制度的设计应注意以下几个方面：

1. 清晰明了的规则和流程

确保绩效工资制度的规则和流程简明易懂，不涉及复杂烦琐的程序。制定详细的工资分配规则和标准，包括评价指标、权重比例、计算方法等，让教职工能够清楚地理解自己的工资组成和计算方式。

2. 全面透明的信息公示

及时向教职工公示绩效工资分配的相关信息，包括评价结果、工资计算细则、发放标准等。公示应当做到全面透明，避免隐瞒或不公开重要信息，确保教职工对工资分配结果有充分的知情权。

第二节　绩效工资评价指标的确立

一、目标设定与分解

高校绩效工资制度目标设定与分解是高校绩效管理的重要环节，有助于明确教职工的工作目标和任务，并将其与绩效工资挂钩。

（一）目标设定的原则

高校绩效工资制度目标设定的原则包括：

1. 与高校发展战略一致

高校绩效工资制度的目标应与高校的发展战略和目标保持一致。目标设定应该紧密围绕高校的使命、愿景和核心价值观，引导教职工的工作方向和努力方向，推动高校实现长期发展目标。

2. 具体、可衡量和可达成

目标应具体明确，能够量化和衡量。每个目标都应该能够通过具体指标或绩效要求来衡量完成程度，并且能够在一定时间内达成。

3. 可操作性和可行性

目标应具备可操作性和可行性，即教职工能够通过自己的努力和利用自己能力实现目标。目标不应过于苛求或超出教职工的实际能力范围，以免造成教职工压力过大或无法达成目标。

4. 鼓励创新和改进

目标应鼓励教职工进行改进和创新，提高工作质量和效率。设置一些具有挑战性和激励性的目标，激发教职工的工作热情和积极性，推动高校的持续改进和创新发展。

（二）目标分解

目标分解的步骤包括：

1. 制定整体目标

高校应制定整体目标，明确要实现的绩效目标和期望的结果。这些目标可以涵盖高校整体的发展、教学质量、科研成果、社会服务等方面。

2. 分解为部门和个人目标

将整体目标分解为各部门和个人的具体目标。各部门应根据自身职责和任务，制定符合整体目标的工作目标，并将其与绩效工资挂钩。同时，每位教职工根据自己的岗位和工作内容，设定个人目标。

3. 确定关键绩效指标

为了衡量目标的完成情况，需要确定关键绩效指标。这些指标应与目标密切相关，能够客观、量化地衡量工作完成度和绩效水平。指标的设定可以考虑教学质量、科研成果、学术影响力、管理效能等方面。

二、绩效评价指标的确定

高校绩效工资制度的绩效评价指标的确定是确保公正、客观和科学评价教职工绩效的重要环节。绩效评价指标的选择应基于高校的发展战略和目标，充分考虑教职工的工作职责和任务，并能够准确反映其工作成果和贡献。

（一）绩效评价指标体系的内容

1. 教学质量评价指标

高校绩效工资的评价指标体系中，教学质量评价指标是其中一个重要的方面。教学质量评价指标是用来衡量高校教师在教学过程中表现出的教学能力和水平的指标。教学质量评价指标包括以下几个方面。

（1）教学效果指标

①学生成绩

学生成绩是衡量教学效果的重要指标之一。该指标主要通过学生的考试成绩、论文成绩等来评价教师的教学效果。学生成绩的好坏反映了教师的教学方法是否得当，教学内容是否完整和准确。

②学生评价

学生评价是另一个重要的教学效果指标。学生评价可以从多个方面来进行，如对教师授课内容的满意度、教师的教学态度和教学方法的评价等。学生评价的结果能够客观地反映教师的教学效果。

（2）教学能力指标

①教学设计与准备能力

教学设计与准备能力是衡量教师是否具备良好教学能力的重要指标之一。该指标主要评价教师是否对课程内容进行了合理规划和设计，包括选取教材、编写教案、制订教学计划等。

②教学方法与手段应用能力

教学方法与手段应用能力是衡量教师是否具有灵活多样的教学方式和手段的能力的指标。教师应具备运用多种教学方法和手段的能力，如讲解、示范、实验、讨论、案例分析等，以提高教学效果和激发学生的学习兴趣。

（3）教学贡献指标

①教学科研成果

教学科研成果是衡量教师在教学方面贡献的重要指标之一。教师通过教学实践中的研究和创新，取得的教学科研成果包括教材的编写、教学方法的改进、课程的更新等。

②教学管理与服务能力

教学管理与服务能力是衡量教师在教学过程中所展现出的管理和服务能力的指标。教师应能够有效地组织教学活动，给予学生学习指导和咨询，并积极参与学校教学管理工作。

2. 科研成果评价指标

高校绩效工资制度的评价指标体系中，科研成果评价指标是其中一个重要的方面。科研成果评价指标是用来衡量高校教师在科学研究方面所取得的成果和贡献的指标。科研成果评价指标包括以下几个方面。

（1）科研成果数量指标

①学术论文发表

学术论文发表是衡量科研成果的常见指标之一。该指标主要考察教师在学术期刊、会议等渠道发表的学术论文数量。论文发表数量的多少反映了教师的研究产出和学术影响力。

②科研项目承担

科研项目承担是衡量教师科研能力和研究活跃度的指标。该指标主要评价教师承担的科研项目数量和级别，包括国家级、省部级、校级科研项目等。

（2）科研成果质量指标

①学术论文被引用数

学术论文被引用数是评价教师科研成果质量的重要指标之一。被引用数的多少说明了教师的研究成果在学术界的影响力和价值。

②科研成果奖项

科研成果奖项是衡量教师科研贡献的重要指标之一。该指标主要评价教师获得的科研成果奖项，包括国家级、省部级、校级科研成果奖等。

（3）科研成果转化指标

①技术转让与产业化

技术转让与产业化是衡量教师科研成果转化能力的指标。该指标主要评价教师科研成果的实际应用和商业化转化情况。

②专利申请与授予

专利申请与授予是衡量科研成果创新性和实用性的指标。该指标主要考察教师申请和获得的专利数量和质量。

3. 学术影响评价指标

高校绩效工资制度的评价指标体系中，学术影响评价指标是其中一个重要的方面。学术影响评价指标是用来衡量高校教师在学术领域的影响力和知名度的指标。学术影响评价指标包括以下几个方面。

（1）学术论文引用指标

①学术论文被引用数

学术论文被引用数是评价学术影响力的重要指标之一。该指标主要考察教师学术论文被其他学者引用的数量。被引用数的多少反映了教师的研究成果在学术界的影响力和重要性。

②学术论文被引用频次

学术论文被引用频次是评价学术影响力的另一个指标。该指标主要考察教师的学术论文被其他学者引用的频率。引用频次的高低说明了教师的研究成果对学术界的贡献程度。

（2）学术会议与报告指标

①学术会议论文发表

学术会议论文发表是评价学术影响力的重要指标之一。该指标主要考察教师在学术会议上发表的论文数量和质量，包括国际会议和国内会议。

②学术报告邀请

学术报告邀请是评价学术影响力的另一个指标。该指标主要评价教师受邀参加学术会议或者其他机构的学术报告情况，反映了教师在学术界的知名度和影响力。

（3）学术荣誉与奖项指标

①学术荣誉称号

学术荣誉称号是评价学术影响力的重要指标之一。该指标主要考察教师获得的学术荣誉称号，如院士、杰出青年科学基金获得者等。

②学术奖项

学术奖项是评价学术影响力的另一个指标。该指标主要考察教师在学术界所获得的奖项，包括国家级、省部级、校级学术奖项等。

（4）学术社交媒体影响力指标

①学术社交媒体关注度

学术社交媒体关注度是评价学术影响力的新兴指标之一。该指标主要考察教师在学术社交媒体平台上的粉丝数量和互动程度，反映了教师在学术界的知名度和受关注程度。

②学术社交媒体影响力

学术社交媒体影响力是评价学术影响力的另一个指标。该指标主要考察教师在学术社交媒体平台上所发布的内容对学术界的影响力及其传播效果。

4. 社会服务评价指标

（1）社区服务

社区服务指标主要评价教职工对周边社区的服务质量和贡献。具体包括：

①社区教育

评价教职工开展的社区教育项目的数量和质量，如成人教育、继续教育和终身教育等。

②社区文化

评价教职工在丰富社区文化生活、传承和弘扬社区文化方面的作用，如举办的文化活动、艺术展览等。

③社区公益

评价教职工参与和推动社区公益事业的情况，如志愿者服务、慈善捐赠等。

（2）经济发展

经济发展指标主要评价教职工对经济发展的促进和贡献，具体包括：

①知识转移

评价教职工在技术转移、知识产权转让、产学研合作等方面的成绩。

②创新驱动

评价教职工在推动创新、培育新兴产业和创新创业人才培养方面的作用。

③社会培训

评价教职工为社会提供的职业培训和技能培训的数量和质量。

5. 行政管理评价指标

（1）行政效率与服务质量

行政效率与服务质量指标主要评价高校行政管理人员的行政效率和服务质量，具体包括：

①行政效率

评价高校行政管理人员处理事务的效率和速度，如文件传递速度、会议组织效率等。

②服务质量

评价高校行政管理人员提供的服务是否满足相关方的需求，如学生、教职工、校外人员等。

③客户满意度

通过调查问卷或者在线评价等方式，获取服务接受者对行政管理服务的评价。

（2）资源利用与管理

资源利用与管理指标主要评价高校行政管理人员的资源利用和管理水平，具体包括：

①物力资源

评价高校行政管理人员的物资设备等资源使用是否合理，如会议室、办公设备等。

②财力资源

评价高校行政管理部门的经费使用是否合理，如预算执行情况、成本控制等。

（3）行政决策与执行能力

行政决策与执行能力指标主要评价高校行政管理人员的行政决策和执行能力，具体包括：

①决策正确性

评价高校行政管理人员做出的决策是否正确，是否符合高校的发展方向和利益。

②决策透明度

评价高校行政管理人员做出的决策是否透明，是否让相关方了解和接受。

③执行力度

评价高校行政管理人员做出的决策执行是否得力，是否能达到预期的效果。

（4）信息化管理水平

信息化管理水平指标主要评价高校行政管理部门的信息化管理水平，具体包括：

①系统建设

评价高校行政管理部门是否建立了完善的信息管理系统，如办公自动化系统、财务管理系统等。

②数据管理

评价高校行政管理部门是否具备良好的数据管理能力，如数据收集、整理、分析和应用等。

③系统安全

评价高校行政管理部门是否建立了完善的信息安全体系，如数据备份、病毒防护等。

（5）内部监督与考核

内部监督与考核指标主要评价高校行政管理部门的内部监督与考核能力，具体包括：

①监督机制

评价高校行政管理部门是否建立了完善的内部监督机制，如对各项工作的监督、审查等。

②考核机制

评价高校行政管理部门是否建立了完善的考核机制，如对员工工作的考核、评价等。

③反馈与改进

评价高校行政管理部门是否能及时反馈工作中的问题并采取改进措施。

（二）绩效评价指标的确定过程

高校绩效工资绩效评价指标的确定是确保公正、客观和科学评价教职工绩效的重要环节。绩效评价指标的选择应基于高校的发展战略和目标，充分考虑教职工的工作职责和任务，并能够准确反映其工作成果和贡献。以下将详细介绍高校绩效工资绩效评价指标的确定过程。

1. 明确评价的维度

通常情况下，高校绩效评价可包括教学质量、科研成果、学术影响力、管理效能等方面。具体维度的选择应结合高校的定位和特点，注重综合平衡，全面反映教职工在不同方面的表现。

2. 设定具体指标

在每个维度下，需要设定具体的评价指标。这些指标应与绩效维度密切相关，能够客观、量化地衡量教职工的工作表现。例如，在教学质量维度下，可以设定的指标如教学评估得分、学生满意度调查结果等；在科研成果维度下，可以设定的指标如 SCI/SSCI 收录论文数量、科研项目获得经费等。

3. 考虑约束条件和平衡机制

在指标设定过程中，需要考虑约束条件和平衡机制，以确保评价结果公正客观。例如，可以设定最低要求或达标线，确保教职工在关键指标上达到一定水平才能获得相应的绩效奖励；同时，可以引入对比群体或相对评价，避免因个别因素导致评价结果的偏差。

4. 确定数据来源和评估方法

绩效评价需要有可靠的数据来源和评价方法。可以通过学生评价、同行评审、科研成果统计、管理层评价等多种方式获取评价所需的数据，并结合定性和定量的评价方法进行综合评价。同时，需要确保数据收集和评价过程的公正性、透明性和可操作性。

5. 定期调整和持续改进

绩效评价指标的确定是一个动态过程，需要根据高校的发展需求和实际情况进行定期调整和持续改进。在制定绩效评价指标时，可以设立专门的机构或委员会负责绩效评价工作，并定期进行评价方法和指标体系的审查和修订，以适应高校发展的变化和需求。

（三）绩效评价指标权重的确定

在建立高校绩效工资制度过程中，确定绩效评价指标的权重是一项关键任务。合理地确定权重是保证绩效评价结果客观、公正的关键。

1. 权重确定的方法

（1）主观权重确定方法

①专家打分法

请相关领域的专家根据自身的经验和判断，对各项绩效评价指标的重要性进行打分，然后将专家打分结果进行统计处理，得出各项指标的权重。这种方法适用于无法获取客观数据，但可以通过专家主观判断进行评价的绩效指标。

②层次分析法

层次分析法是一种系统化的权重确定方法。它将绩效评价指标按照层次结构进行划分，然后通过两两比较的方式，确定各层次中指标的相对重要性。这种方法可以帮助评价者系统地思考和判断各项指标的权重。

（2）客观权重确定方法

①主成分分析法

主成分分析法是一种通过数学变换，将多个绩效评价指标转化为少数几个综合指标的统计方法。这些综合指标的权重是根据其方差贡献率来确定的，其方差贡献率越大，权重就越大。这种方法可以有效地降低评价指标之间的信息重叠，提高评价的准确性。

②因子分析法

因子分析法是主成分分析法的扩展，它通过数学变换将多个绩效评价指标转化为少数几个公共因子，并确定每个因子的权重。这些公共因子的权重是根据其方差贡献率来确定的，其方差贡献率越大，权重就越大。这种方法也可以有效地降低评价指标之间的信息重叠，提高评价的准确性。

（3）组合权重确定方法

①主观和客观组合方法

由于主观和客观权重确定方法都有其优点和局限性，可以将它们组合起来确定绩效评价指标的权重。例如，可以先使用主观方法确定指标的初步权重，再使用客观方法对初步权重进行调整，得到最终权重。这样可以兼顾主观和客观因素，提高权重确定的合理性和准确性。

②多层次组合方法

在确定绩效评价指标的权重时，可以分别确定不同层次指标的权重，然后将这些权重进行组合。例如，可以先确定一级指标的权重，再确定二级指标和三级指标的权重，最后将不同层次的权重进行组合，得到最终权重。这样可以兼顾不同层次的因素，提高权重确定的全面性和准确性。

2. 权重确定的程序

（1）明确绩效评价目标和指标体系

在确定绩效评价指标的权重之前，需要明确绩效评价的目标和指标体系。只有明确了目标和指标体系，才能确定每个指标在整体评价中的重要程度。

（2）选择合适的权重确定方法

根据实际情况和需要，选择合适的权重确定方法。如果无法获取客观数据或需要专家主观判断，可以选择主观权重确定方法；如果可以获取客观数据，可以选择客观权重确定方法；如果需要兼顾主观和客观因素，可以选择组合权重确定方法。

（3）计算各指标的权重

根据选择的权重确定方法，计算各指标的权重。在这一步骤中，需要遵循数学原则和统计方法，确保计算出的权重具有科学性和客观性。

（4）验证和调整权重

在计算出各指标的权重后，需要对权重进行验证和调整。可以采取交叉验证、内部一致性检验等方式，确保计算出的权重与实际情况相符。如果发现权重存在不合理的情况，需要进行调整和完善。

（5）应用权重进行绩效评价

将确定的权重应用于绩效评价中，根据各项指标的得分和权重计算总体得分，并按照得分对高校绩效进行评价和分析。

第三节　绩效数据的收集、处理与应用

一、绩效数据收集与处理

绩效数据的收集与处理旨在通过科学的方法和程序，全面、客观地收集、整理与绩效工资相关的数据，为后续的评价过程提供有力支持。

（一）绩效数据收集

1. 确定数据收集目标

在收集绩效数据之前，首先要明确数据收集的目标。这些目标包括了解高校的工作效率、服务质量、资源利用情况等多个方面。通过明确目标，可以为数据收集提供清晰的方向。

2. 选择合适的数据收集方法

根据需要收集的具体数据，选择合适的数据收集方法。例如，对于定量的数据，可采用问卷调查、数据库查询等途径；对于定性的数据，可采用访谈、观察等方式。选择合适的方法可以确保数据的准确性、有效性。

3. 制订数据收集计划

制订详细的数据收集计划，包括收集对象、时间、地点、方式等。要确保计划周密、合理，以便在有限的时间内获得所需的数据。

4. 收集数据

按照计划进行数据收集，并对数据进行实时监督和修正。要确保数据收集过程中信息的真实性和完整性。

（二）绩效数据处理

1. 数据清洗

数据清洗是数据整理的重要环节，旨在删除重复、无效或错误的数据，确保数据的真实性和有效性。要对数据进行逐一审核，发现并处理异常值、缺失值和重复数据。

2. 数据分类与编码

将收集到的数据进行分类和编码。分类是根据数据的属性将其归为不同的类别；编码则是将文字或数值转换为计算机可识别的数字。通过分类与编码，将数据转化为标准化的形式，便于后续分析。

3. 数据聚合与汇总

将分散的数据聚合起来，形成全面的数据视图。可以采用数据库查询语言或数据处理软件来实现数据的聚合与汇总。在此过程中，要注意保持数据的完整性和准确性。

4. 数据可视化

通过数据可视化工具（如表格、图表等）将整理好的数据进行呈现。数据可视化可以直观地展示数据的分布、趋势和关联性，有助于快速了解和分析高校的绩效情况。

二、绩效评价结果计算

在高校绩效工资制度的绩效评价中，绩效评价结果的计算是最后一个环节，也是整个评价过程最为关键的环节。下面将介绍绩效评价结果计算的方法和程序。

（一）绩效评价结果计算方法

绩效评价结果的计算主要是根据各项绩效评价指标的得分和权重，计算出整体绩效得分。以下是两种常用的方法。

1. 加权平均法

加权平均法是一种简单易行的评价方法，它将各项绩效评价指标的得分与其相应的权重相乘，然后加总得到总体得分。具体计算公式为：

总体得分 =（指标 1 得分 × 权重 1+ 指标 2 得分 × 权重 2+……+ 指标 n 得分 × 权重 n）/ 总权重

这种方法比较适用于各项指标之间相互独立、没有明显关联的情况。

2. 综合评价法

综合评价法是一种更为复杂的评价方法，它将各项绩效评价指标的得分和权重进行多层次的综合计算，得出总体评价得分。具体计算方法可以采取不同的数学方法和统计技术，如主成分分析、因子分析、模糊评价等。

综合评价法的优点是可以考虑各项指标之间的相互关系和影响，从而更加准确地反映整体绩效。但这种方法需要更多的数学和统计知识，操作起来相对较为复杂。

（二）绩效评价结果的计算程序

绩效评价结果的计算需要遵循一定的程序，以保证计算结果的准确性和公正性。以下是绩效评价结果计算的基本程序。

1. 计算各项指标的加权得分

根据确定的权重和收集的得分数据，计算各项指标的加权得分。具体计算方法可以采取加权平均法或综合评价法等。

2. 计算整体绩效得分

将各项指标的加权得分相加，得出整体绩效得分。具体计算方法可以采取加权平均法或综合评价法等。

3. 分析绩效评价结果

根据计算出的整体绩效得分，对整体绩效进行评价和分析。可以采取横向比较、纵向比较、目标完成情况分析等方式，全面了解高校的优势和不足，并提出改进和提高的建议和措施。

4. 公示与反馈

将绩效评价结果进行公示，接受相关人员的监督和评议。同时，也需要听取各方面的反馈意见和建议，不断完善和优化绩效评价体系和评价方法。

三、绩效工资评定决策

在高校绩效工资制度的评价中，绩效工资评定决策是整个评价过程的核心环节，它是在综合考虑绩效评价结果和其他相关因素的基础上做出的。下面将介绍绩效工资评定决策的方法和程序。

（一）绩效工资评定决策方法

绩效工资评定决策是在综合考虑绩效评价结果和其他相关因素的基础上，对绩效进行最终的评定。以下是两种常用的决策方法。

1. 绝对评价法

绝对评价法是在综合考虑绩效评价结果和其他相关因素的基础上，根据高校的实际情况和需要，直接对绩效进行最终的评定。这种方法比较简单明了，易于操作，但也缺乏统一的标准和尺度，主观性较强。

2. 相对评价法

相对评价法是在综合考虑绩效评价结果和其他相关因素的基础上，根据一定的标准、尺度或参照物，对绩效进行比较，从而得出最终的评定结果。这种方法可以避免绝对评价法的主观性和片面性，更加客观和准确。

（二）绩效工资评定决策程序

绩效工资评定决策需要遵循一定的程序，以保证评定结果的公正性和准确性。以下是绩效工资评定决策的基本程序。

1. 确定绩效评价结果和其他相关因素

在进行绩效工资评定决策之前，需要先确定绩效评价结果和其他相关因素。绩效评价结果是指各项绩效评价指标的得分和总体得分；其他相关因素包括高校的战略目标、发展规划、学科建设、人才队伍建设等。

2. 确定绩效工资评定的标准和方法

在确定绩效评价结果和其他相关因素的基础上，需要确定绩效工资评定的标准和方法。具体可以采取绝对评价法和相对评价法等，需要根据高校实际情况和需要选择合适的方法。

3. 进行绩效工资评定决策

根据确定的绩效工资评定的标准和方法，对绩效进行最终的评定。可以采取分级、分类、分档等方式，将绩效评价结果和其他相关因素结合起来，综合分析并得出最终的评定结果。

4. 公示与反馈

将绩效工资评定结果进行公示，接受相关人员的监督和评议。同时，也需要听取各方面的反馈意见和建议，不断完善绩效工资评定决策的程序和方法。

第四节　绩效工资激励机制的建立

一、奖励与惩罚机制

高校绩效工资激励机制是一种通过奖励与惩罚来激发教职工工作积极性和创造力的管理方法。在高校中实施绩效工资激励机制，可以有效提升教职工的工作质量和工作效率，推动高校整体的发展。

（一）奖励机制

1. 绩效工资

根据教职工的绩效评价结果，高校可以向其提供相应的绩效工资激励。高绩效的个人可以获得更高的工资增长幅度，从而激励他们更加努力地工作。

2. 荣誉称号

高校可以设立荣誉称号，如优秀教师、杰出科研人员等，对获得该称号的个人给予一定的奖励，既能够鼓励个人，又能够提升高校整体形象。

3. 奖金制度

高校可以设立一些奖金制度，如教学质量奖、科研创新奖等，对在相关领域取得突出成绩的个人给予一定的奖金激励，以鼓励他们持续努力。

（二）惩罚机制

绩效工资激励机制中的惩罚机制主要通过绩效评价来实施。对于绩效评价结果不佳的教职工，高校可以降低其工资增长幅度或者停止给予绩效工资奖励，以激励他们改进工作表现。

1. 约束措施

高校可以设立一些约束措施，如限制晋升、调整工作岗位等，对绩效评价结果较差的教职工给予相应的约束，以促使他们改进不足之处。

2. 培训与辅导

对于工作表现不佳的教职工，高校可以提供一些培训和辅导，帮助他们提升工作能力和水平，以改善绩效评价结果。

3. 解聘制度

在极端情况下，对于多次工作表现不佳的教职工，高校可以依据相关规定予以解聘，以维护高校整体的工作质量和声誉。

二、高校绩效工资激励机制与教职工职称晋升的关系

高校绩效工资激励机制与教职工职称晋升密切相关，二者之间存在以下关系：

1. 绩效评价是教职工职称晋升的重要依据

高校通常将教职工的绩效评价结果作为教职工职称晋升的重要依据之一。教职工在评价中表现出色，即可获得晋升的机会，进而享受更高的绩效工资和职业地位。

2. 职称晋升是激励的一种形式

职称晋升是对优秀教职工的一种肯定和激励，晋升后，教职工可以获得相应的绩效奖励和福利待遇，从而增加教职工的工作动力和积极性。

三、高校绩效工资激励机制对教师个人的影响

随着高校内外环境的变化，高校对于教师的要求也在不断提高。除了传统的教学任务，高校也对其教师提出了更多的科研、教学改革、社会服务等方面的要求。为了更好地激励教师积极投入工作，并提升个人的发展与职业规划，高校引入了绩效工资激励机制。

高校绩效工资激励机制是建立在个人绩效评价基础上的一种薪酬分配方式。通过对教师的工作表现进行评价，将绩效考核结果与薪资挂钩，从而激

励教师积极工作和提升自身能力。

首先，绩效工资激励机制可以促进个人的成长与发展。在这种机制下，教师需要通过不断提升自己在教育教学水平、科研能力和课程建设等方面的表现，以获得更高的绩效评价和相应的薪资奖励。这就迫使教师不断学习和进步，提高自身的素质和能力，从而实现个人的成长与发展。

其次，绩效工资激励机制可以推动个人的职业规划。在高校中，绩效评价往往会涉及教师的各项工作任务和业绩表现，包括教学、科研、社会服务等方面。通过对这些方面的评价，教师可以了解到自己的优势和不足，并进一步明确自己的职业定位和发展方向。比如，一个教师在教学方面表现出色，那么他可以选择深耕教学领域并争取更高的职称；而在科研方面有突出表现的教师可以选择加强科研工作并争取科研项目的资助，进一步发展自己的科研事业。

最后，绩效工资激励机制还可以促进个人的竞争意识和团队精神。由于绩效工资是根据个人的表现来决定的，教师们会积极主动地追求卓越的工作表现，以获取更高的绩效评价和奖励。这就促使教师们更加关注自己的工作质量，提高教学水平和科研能力，进而推动整个团队的发展和进步。

第五节　绩效工资制度的监督机制

一、内部监督机制

高校绩效工资制度的内部监督机制是确保绩效工资评定过程和结果公

正、透明的重要保障。以下将从监督机构、监督内容、监督流程三个方面详细介绍高校绩效工资制度的内部监督机制。

（一）监督机构

高校应设立专门的监督机构，负责对绩效工资评定全过程的监督和审查。该机构应独立于绩效工资评定委员会，以确保其独立性和公正性。监督机构应由学校领导、纪检监察部门、教代会和职工代表等组成，共同履行监督职责。

（二）监督内容

监督机构应对绩效工资评定过程中的以下几个方面进行重点监督：

1. 评定程序

监督机构应确保绩效工资评定程序合法、公正、透明，无明显不合理或歧视现象。

2. 评价指标

监督机构应审核绩效评价指标是否科学、合理，是否符合高校实际情况和发展目标。

3. 评价结果

监督机构应验证绩效评价结果是否真实、客观地反映了高校工作的实际情况，是否存在明显不公正或不合理的情况。

4. 反馈与申诉

监督机构应关注绩效工资评定过程中的反馈和申诉处理情况，确保申诉渠道畅通，保障教职工的合法权益。

（三）监督流程

监督机构应制定详细的监督流程，确保监督工作的有序进行。以下为一种可能的监督流程：

1. 接受监督申请

监督机构应接受教职工对绩效工资评定过程的监督申请，并进行初步审查。

2. 启动调查

如果初步审查认为申请合理，监督机构应组织专人对申请涉及的问题进行调查。

3. 处理申诉

如果教职工对绩效工资评定结果有异议，监督机构应协助其提出申诉，并组织专人对申诉进行审查和协调处理。

4. 公示与反馈

监督机构应将监督结果进行公示，并接受教职工的反馈意见和建议。同时，也要听取各方面的意见和建议，不断完善和优化绩效工资内部监督机制。

二、外部评估与审计机制

高校绩效工资的外部评估与审计机制是从外部视角对高校绩效工资制度的制定和执行情况进行监督和审核的重要机制。以下将从评估机构、评估内容、评估方法和评估制度四个方面详细介绍高校绩效工资制度的外部评估与审计机制。

（一）评估机构

高校绩效工资制度的外部评估机构应由教育行政部门或专业评估机构担任，负责从外部对高校绩效工资制度的实施情况进行客观评估。评估机构应具备独立性和专业性，能够根据高校的特点和发展目标进行全面、科学、公正的评估。同时，评估机构还应建立完善的评估标准和程序，确保评估结果的可信度和有效性。

（二）评估内容

外部评估机构应对高校绩效工资制度的以下几个方面进行重点评估：

1. 绩效工资制度的合理性

评估机构应评估绩效工资制度的设计是否符合高等教育的发展规律和高校自身的特点，是否能够有效地激励教职工提高工作绩效。

2. 绩效评价指标的科学性

评估机构应评估绩效评价指标是否符合高校实际情况和发展目标，是否科学、合理，能否全面、准确地反映高校工作的实际情况。

3. 绩效工资的执行情况

评估机构应评估高校在执行绩效工资制度过程中是否做到了公正、透明，是否存在明显不合理或歧视现象。

4. 绩效反馈与改进情况

评估机构应关注高校在绩效工资评定过程中的反馈和改进情况，是否建立了有效的反馈机制和改进措施。

（三）评估方法

外部评估机构应采用科学、客观的评估方法，对高校绩效工资制度的实施情况进行全面评估。以下是几种可能的评估方法：

1. 指标量化法

评估机构应根据绩效评价指标，对每个指标进行量化打分，从而综合评价绩效工资制度的实施情况。

2. 同行评议法

评估机构可以邀请同行业的专家和学者对高校绩效工资制度的实施情况进行评议，从而对绩效工资制度进行综合评价。

3. 前后比较法

评估机构可以通过比较高校在实施绩效工资制度前后的工作效果、教学质量等指标的变化，来评价绩效工资制度的实际效果。

4. 调查问卷法

评估机构可以向教职工、学生和家长等发放调查问卷，了解他们对绩效工资制度的看法和建议，以便对绩效工资制度进行进一步完善。

（四）评估制度

为了确保外部评估的公正性、客观性和科学性，高校需要建立完善的评估制度。以下是几种可能的评估制度：

1. 公示制度

评估机构应将评估结果进行公示，接受社会监督和评议。公示内容应包括绩效工资制度的合理性、评价指标的科学性、制度的执行情况等。

2. 异议处理制度

如果有人对评估结果有异议，可以向评估机构提出申诉，由评估机构组织专人对申诉进行解释和处理。

3. 奖惩制度

对于绩效工资制度执行优秀的单位和个人，可以给予一定的奖励和表彰；对于执行不力的单位和个人，应进行问责和处理。

4. 定期评估制度

为了确保绩效工资制度的持续改进和完善，应建立定期评估制度，每隔一段时间对绩效工资制度进行全面评估和审查。

第四章

高校绩效工资制度在我国的发展

第一节　高校绩效工资制度的引入与初步发展

一、绩效工资制度在高校中的引入

随着社会的发展和教育改革的深入推进，高校作为培养人才、进行科学研究和传播知识的重要机构，也面临着更高的要求和挑战。为了激励教师积极工作、提高教学质量和科研水平，许多高校开始引入绩效工资制度。

绩效工资制度是一种以员工的工作成果为基础，根据绩效评价结果给予相应薪酬的管理方式，是当前高校教师薪酬制度的重要部分。

（一）引入背景

第一，绩效工资制度的实施是高等教育改革和发展的重要举措。高等教育正面临着前所未有的机遇和挑战，提高教育质量、促进教育公平、增强学校的核心竞争力已成为高等教育改革的重要目标。在这种背景下，绩效工资制度的实施被视为一种重要的改革手段，它可以通过对教师工作业绩的奖励，激励教师提高教学质量和科研水平，进而推动高等教育质量的整体提升。

第二，绩效工资制度的实施是高校教师薪酬制度改革的重要内容。传统的教师薪酬制度往往过分依赖职称和职务等级，这种制度虽然稳定，但缺乏灵活性和激励作用。绩效工资制度的实施打破了这种固有的模式，将教师薪酬与工作绩效直接挂钩，进一步激发了教师的工作积极性和创新能力。

（二）引入的意义

首先，绩效工资制度可以激发教师的工作动力。传统的工资制度往往只注重教师的工龄和学历等因素，无法很好地体现教师的工作表现和能力。而通过绩效工资制度，可以将教师的工作成果与薪酬直接挂钩，使教师明确工作目标并为之努力。这样不仅能够调动教师的积极性，还可以推动教师们不断提升自己的专业能力和教学水平。

其次，绩效工资制度有助于提高教学质量和科研水平。高校是培养人才的重要场所，其教学质量直接关系到学生的成长和发展。通过引入绩效工资制度，可以推进教师加强教学改革，提高课堂教学效果。同时，绩效工资制度也能够鼓励教师积极参与科学研究，并取得更好的成果。这对于高校来说，不仅有利于提升学校整体的学术水平，还能够增加学校的知名度和竞争力。

再次，绩效工资制度可以提高高校的管理效能。传统的工资制度往往没有明确的激励机制，容易导致员工的工作积极性不高，或者出现“铁饭碗”心态。而绩效工资制度强调了工作业绩的考核和奖惩机制，可以更好地推动高校内部管理的规范化和优化。绩效工资制度通过对教师进行评估和奖励，促使其更好地发现和培养人才，进而提高高校管理的科学性和精细化程度。

最后，实施绩效工资制度可以增加高校的经济效益。高校作为一种特殊的组织形式，其经营性质相对较弱，往往依赖政府拨款和学生的学费收入。然而，高校也需要有足够的财政收入来支持教学和科研活动的开展。引入绩效工资制度可以激发教师的工作积极性，促使其提高教学和科研水平，从而吸引更多的优秀学生和项目资源，增加高校的经济效益。

总之，绩效工资制度在高校中的引入具有重要意义，它可以激发教师的工作动力，提高教师的教学质量和科研水平，提高高校的管理效能，并增加高校的经济效益。当然，在引入绩效工资制度时，需要注意合理制定评估指标和评估方法，确保评估的公正性和科学性。同时，还应该注重教师的专业发展和培训，为教师提供更多的成长机会和发展空间。只有在这样的条件下，绩效工资制度才能真正起到激励教师、提升高校整体素质的作用。

（三）理论基础

高校绩效工资制度的理论基础主要包括激励理论、人力资本理论和公平理论等。

1. 激励理论

激励理论认为，通过适当的激励措施可以调动个体的积极性和创造力，从而提高其工作绩效。高校绩效工资制度的引入正是基于这一理论，其通过将教职工的工资与其个人绩效挂钩的方式，激发教职工的工作动力，推动其工作质量和效率的提升。

2. 人力资本理论

人力资本理论认为，人力资本是个体通过教育和培训所具备的知识、技能和经验等可变资源，对个体和组织的生产力和经济效益有重要影响。高校绩效工资制度的设计考虑了个体的人力资本投资和劳动生产力，鼓励个体不断提高自身素质和能力，从而推动高校的持续发展。

3. 公平理论

公平理论认为，薪酬分配应当公平合理，遵循公正的原则，确保个体和团体之间的公平关系。高校绩效工资制度的实施应当注重公平性，建立科学公正的评价体系，避免主观偏见和不合理地方的产生，从而保障教职工的权益。

此外，组织行为学、契约理论等相关理论对高校绩效工资制度的设计和实施也提供了借鉴和指导。

总之，高校绩效工资制度的理论基础涉及激励理论、人力资本理论和公平理论等，其为高校绩效工资制度的建立和发展提供了指导和支持。

二、高校绩效工资制度的初步发展

随着教育体制改革的推进，高校逐渐引入了绩效工资制度作为一种激励机制，以提高教师的工作积极性、促进教学质量和科研水平的提升。下面将从政策引导、评价指标、奖惩机制等方面介绍高校绩效工资制度的初步发展。

1. 政策引导

高校绩效工资制度的初步发展得益于政府的政策引导。教育部、人力资源和社会保障部等相关部门相继发布了关于高校绩效工资制度的指导意见和文件，鼓励高校探索和实践符合自身特点的绩效工资制度。这些政策给予了高校较大的自主权，促使高校在绩效工资制度上进行创新和尝试。

2. 评价指标

高校绩效工资制度的核心是建立科学合理的评价指标体系。一般来说，高校绩效评价指标分为教学和科研两个方面。在教学方面，评价指标包括教学质量、教学效果、教学改革等；在科研方面，评价指标包括科研项目、科研成果、科研经费等。通过制定明确的评价指标，可以客观地对教师的工作进行评估，为绩效工资的分配提供依据。

3. 奖惩机制

高校绩效工资制度的发展还需要建立健全的奖惩机制。通过设立奖励措施来激励教师的积极性，如教学优秀奖、科研成果奖等；同时设立相应的惩罚措施，对工作表现不佳的教师进行警示和约束。这样的奖惩机制既能够激励优秀的教师更加努力地工作，又能够提醒和督促其他教师改进工作。

4. 配套政策

高校绩效工资制度的初步发展还需要配套的政策支持。比如，在绩效工资的计算方法上，引入同行评议、学生评价等方式，使评价结果更加公正和准确；在绩效工资的分配上，采取灵活的方式，根据不同岗位和职称进行差异化分配，既能激励教师，又能保证公平性。

5. 逐步完善

高校绩效工资制度的初步发展是一个渐进的过程，在实施过程中需要不断总结经验，发现问题并及时加以解决。同时，还需要广泛征求教师的意见和建议并形成共识，使绩效工资制度更加科学合理，并与高校的特点相匹配。

第二节　高校绩效工资制度的发展现状

高校绩效工资制度是高校教师薪酬体系中的重要组成部分，对于提高教师的工作积极性和工作绩效具有重要意义。然而，当前高校绩效工资制度存在一些问题，制约了其激励作用的发挥。

一、高校绩效工资制度起到的积极作用

高校绩效工资制度在提高教师工作积极性和工作绩效方面具有较为显著的优势。首先，绩效工资制度的实施可以更加科学地评价教师的工作绩效，将教师的工作表现与其绩效工资直接挂钩，更好地激励教师积极投入工作。其次，绩效工资制度的实施可以更加有效地提高教师的工作效率和创新精神，推动高校各项事业的发展。最后，绩效工资制度的实施可以更加公平地分配教师薪酬，让教师获得更好的职业发展机会和福利待遇。

然而，当前高校绩效工资制度也存在一些问题，制约了其激励作用的发挥。

二、高校绩效工资制度发展过程中存在的问题

高校绩效工资制度在实施过程中存在一些问题和挑战。以下是当前高校绩效工资制度存在的主要问题。

1. 指标设计不够科学合理

部分高校绩效工资制度的指标设计缺乏科学性和合理性。有些指标设置过于简单粗放，无法准确评估教职工的工作表现。另外，有些指标偏重科研

成果，忽视了教学质量、社会服务等方面的评价，导致绩效评价的维度不够全面。

2. 绩效评价主观性较高

绩效评价的主体多为上级领导或专家委员会，评价结果容易受到个人主观偏好、政治因素或权力关系的影响，导致评价结果不公正。此外，评价过程缺乏透明度和公开性，无法得到广泛参与和监督。

3. 评价周期过长

有些高校绩效工资制度的评价周期过长，通常为一年或更长时间，这使教职工在短期内难以看到绩效工资的改变，降低了制度对教职工工作动力的激励效果。

4. 差距拉大和不平等

部分高校绩效工资制度存在着较大的薪酬差距和不平等现象。一方面，绩效工资的分配差异过大，导致一些教职工薪酬过低，难以满足基本生活需求；另一方面，有些高校存在评价标准不公平、人为提高个别教职工薪酬的问题，加剧了内部不公平性。

5. 考核指标与岗位特点不匹配

有些高校绩效工资制度的考核指标与不同岗位的特点和职责不匹配。例如，对于教师而言，科研成果和学术影响力可能是重要的评价指标；而对于行政管理人员而言，行政效能和团队管理能力可能更具相关性。

6. 反激励效应出现

某些情况下，高校绩效工资制度产生了反激励效应。有些教职工可能过于追求绩效工资而忽视了教育质量和学术研究的深入发展。此外，绩效工资制度可能导致一些教职工只关注达到指标要求，而缺乏创新精神和团队合作意识，降低了高校整体的学术氛围和工作效率。

三、问题存在的原因及其产生的后果

高校绩效工资制度问题的存在往往是由多种原因造成的，这些原因可能涉及政策层面、管理层面以及教师个体层面。下面将对这些原因进行分析，并探讨其可能带来的后果。

（一）问题存在的原因

1. 政策层面的原因

（1）制度设计不合理

有些地方对绩效工资制度的设计不够科学与合理，缺乏针对高校特点和实际情况的考量；制订的指标和标准过于简单粗暴，无法全面反映教师的工作贡献。

（2）激励机制欠缺

部分地方在制订绩效工资制度时忽视了激励机制的建立，只注重惩罚机制或单一的奖励机制。这样会导致教师缺乏积极性与动力，影响其工作积极性和创造力。

2. 管理层面的原因

（1）绩效评价主体不独立

一些高校的绩效评价主体缺乏独立性，容易受到行政权力或其他利益集团的干扰。这就使绩效评价结果可能存在偏差或有不公正的地方，影响绩效工资制度的公正性和有效性。

（2）缺乏透明度和公开性

一些高校在绩效评价过程中缺乏透明度和公开性，导致教师对评价标准、流程和结果存在疑虑。这会引发教师之间的不信任与争议，进而影响整个学校的积极氛围。

（3）资源分配不公平

一些高校在绩效工资的分配上存在着不公平现象，给予优秀教师的奖励不足以激发其工作动力，而给予普通教师的惩罚又过于严苛，导致教师产生不满和抱怨。

3. 教师个体层面的原因

有些教师对绩效工资制度持反感态度，认为该制度过于功利，只追求学术成果和个人利益而忽视了教育教学的本质。这种个体心态的存在会影响教师的工作态度和教学质量。

（二）产生的后果

1. 教师士气低下

不合理的绩效工资制度会导致教师士气低下。例如，对于那些在教学和科研方面做出重要贡献但由于评价体系的问题而得不到相应奖励的教师来说，他们可能会感到失望和无助，对自己的工作产生怀疑甚至产生辞职的念头。

2. 教学质量下降

过于注重科研成果的绩效工资制度会导致教学质量下降。一些教师为了发表更多的论文，可能会牺牲教学时间和精力，影响其课堂教学质量。这会对学生的学习效果产生负面影响，并可能导致教学成果的滑坡。

3. 内部矛盾加剧

不公平的绩效工资分配会引发高校内部的矛盾和不满情绪。如果一些教师感到自己的努力得不到相应回报，而其他人却得到了更多的资源和资金，这将会造成高校内部的紧张局势，影响团队合作和整体工作效率。

4. 效率低下

缺乏有效的监督机制和激励机制会导致高校绩效工资制度的实施效果不佳。教师对于工作目标和激励措施的不明确会降低其工作动力，从而影响其工作效率的提高。同时，对于那些没有得到应有激励和奖励的教师来说，他们可能会缺乏积极性和主动性，导致工作效率下降。

5. 人才流失

不合理的绩效工资制度可能导致优秀的教师流失。如果一些优秀的教师没有获得应有的认可和奖励，他们可能会选择离开当前的高校，寻找更好的发展机会。这将导致高校人才流失，进一步影响高校的整体实力和声誉。

四、改进措施

针对以上问题，我们应采取一些改进措施。

首先，高校应该建立科学、公正、全面的绩效评价体系，充分考虑教师在教学成果、科研成果、社会服务等多个方面的综合表现。

其次，在评估标准的制定过程中，要广泛征求教师和学生的意见，并注重量化指标与定性评价的结合。同时，高校要加强对绩效评价结果的监督与审查，确保评估的公正性和可靠性。

最后，高校应该加强对教师职业道德和教育理念的引导，避免功利主义倾向对教学工作产生负面影响。同时，高校要重视教师的培训与发展，提高他们的综合素质和专业能力，从而使其能够更好地适应和应对绩效工资制度的要求。

总之，高校绩效工资制度存在着评估标准不科学公正、非理性竞争倾向、功利主义倾向和操作问题等一系列问题。通过建立科学公正的评估体系，加强对教师的引导与培训，可以更好地解决这些问题，促进高校绩效工资制度的有效运行。

第三节　国内外高校绩效工资制度案例分析

一、国内高校绩效工资制度案例分析

随着教育改革的深入推进，越来越多的高校开始实施绩效工资制度，以激励教师的工作积极性和提高整体教学和科研水平。下面将从多个角度分析国内部分高校在绩效工资制度方面的案例。

（一）案例分析

1. 绩效评价指标的选择与权重分配

不同高校在绩效评价指标的选择和权重分配上存在差异。例如，某大学的绩效评价主要包括科研成果、教学质量、人才培养等方面，其中科研成果

的权重较大。这导致教师倾向于更多地投入科研工作，而忽视了教学和学生培养的重要性。相比之下，另一所高校则更加注重教学质量和学生评价，并且设置了较高的权重，使教师在教学方面更有动力和激情。

2. 绩效工资分配的公平性与透明度

绩效工资的公平性和透明度是衡量一个高校绩效工资制度是否成功的重要标准。有些高校在绩效工资的分配中存在不公平的情况。例如，某大学的绩效工资分配主要依赖院系领导的决策，而这些决策可能受到个人偏好和权力关系的影响，容易导致资源的不合理分配。相比之下，另一所高校采取了公开透明的分配方式，通过公示评估结果和分配方案，增加了分配的公正性和可信度。

3. 激励机制的有效性

绩效工资制度的核心目的是激发教师的积极性和提高教师的工作效率。有些高校的绩效工资制度缺乏有效的激励机制，导致教师对绩效工资的重视程度不高。例如，某大学的绩效工资只占教师总收入的很小比例，无法真正起到激励教师的作用。而另一所高校采取了更具激励性的措施，将绩效工资与教学和科研成果挂钩，并设立了丰厚的奖励机制，使教师更加积极主动地投入工作中。

4. 评价的公正性与科学性

绩效评价的公正性和科学性对于绩效工资制度的有效实施至关重要。有些高校在绩效评价过程中存在评价标准不明确、评估方式不科学等问题。例如，某大学的绩效评价主要依赖于领导的主观判断，评价结果缺乏客观性和可比性。相比之下，另一所高校建立了一套较为完善的评价体系，包括教学评估、科研成果评价、学生评价等多个方面的指标，使评价结果更加客观和准确。

（二）案例效果与改进措施

以上案例分析表明，国内高校在绩效工资制度方面存在着一些问题和一定的改进空间。针对这些问题，可以采取以下改进措施：

1. 合理设计评价指标

绩效评价指标应该全面考虑教师在教学、科研和服务等方面的贡献，并合理权衡各项指标的重要性，避免过于侧重某个方面，以促进教师的全面发展。

2. 加强公平性和透明度

建立公开透明的绩效工资分配机制，确保决策过程的公正性和透明度。通过公示评估结果和分配方案，可以让教师了解自己的工作表现和所获得的资源和奖励情况，从而增加教师对评估结果和分配方案的认可度，同时也能提高工资分配的公平性。

3. 健全激励机制

建立多层次、多形式的激励机制，将绩效工资与教学质量、科研成果紧密结合，设立奖励制度，激励教师积极投入工作，并为优秀教师提供更好的晋升通道。

4. 完善评价体系

建立科学、客观和可操作的评价体系，明确评价标准和评估方式，确保评价过程的公正性和科学性。引入学生评价、同行评价等多元化评价方法，全面了解教师的绩效水平。

5. 加强培训和指导

为教师提供专业培训和指导，提升他们的教学和科研能力。通过培训和指导，帮助教师更好地适应绩效工资制度，提高工作效率和质量。

二、国外高校绩效工资制度案例分析

（一）美国某大学的教师绩效工资制度

该大学的绩效工资制度基于教师在教学、科研和学术服务方面的表现来确定薪酬水平。具体的评估指标包括课堂教学效果、学生评价、科研成果、学术荣誉等。评估过程中，教师会被要求提交个人自评报告，并接受同行评议和学生评价。

根据评估结果，教师的薪酬增长幅度会有所差异。优秀表现的教师可能获得较大的薪资调整和奖金，且有机会获得更多的科研项目经费和学术荣誉。同时，该大学还设立了一些额外的激励机制，如升职加薪、提供交流访问的机会等，以进一步激励教师的绩效表现。

这一案例反映了美国某大学的绩效工资制度的特点：通过评估教师在多个方面的表现和贡献来确定薪酬水平，并设立了多种激励机制来鼓励教师取得更优异的成绩。

（二）英国某大学的职工绩效工资制度

该大学的绩效工资制度适用于所有职工，不仅包括教师，还包括行政人员、技术人员等。该制度的评估指标涵盖了各个岗位的职责履行情况、工作成果、专业能力提升等方面。评估过程中，职工需完成自评报告，并接受上级领导或同事的评估。

根据评估结果，职工的薪酬增长幅度会有所差异。优秀绩效的职工可能获得较大的薪资调整和奖金，且有机会参与一些培训计划和专业发展项目。该大学还设立了一些额外的激励机制，如年度工作表彰、团队协作奖励等，以进一步激励职工。

这一案例反映了英国某大学的绩效工资制度的特点：适用于所有职工，通过评估各个岗位的绩效表现来确定薪酬水平，并设立了多种激励机制来奖励优秀的绩效表现。

三、国内外高校绩效工资制度案例比较与启示

（一）案例比较

绩效指标的差异：国内外高校在确定绩效指标方面存在一定差异。国外高校更注重教学、科研和学术服务等方面的表现，而国内高校可能更加偏重于教学和科研的数量指标。这种差异反映了不同文化背景和教育体制的影响。

1. 评估方式的不同

国内外高校在绩效评价方式上存在差异。国外高校通常采用多元化的评估方法，包括自评、同行评议和学生评价等多个视角。而国内高校则更倾向

于由上级领导或专家团队进行评估。

2. 激励机制的设置

国内外高校在激励机制的设置上有所不同。国外高校通常设立了更完善的激励机制，如薪资调整、奖金、科研项目经费等。而国内高校在这方面还有待进一步完善。

（二）案例启示

1. 多元化评估方法

借鉴国外高校的做法，国内高校可以探索采用多元化的评估方法来确保评估结果更客观、公正。除了上级领导的评估，可以结合同行评议、学生评价等方式进行综合评估。

2. 科研和教学兼顾

国外高校注重科研和教学的平衡发展，在绩效指标设置上更加全面。国内高校可以借鉴这一经验，进一步明确科研和教学的重要性，并设立相应的指标和奖励机制。

3. 完善激励机制

国外高校在激励机制的设置上较为完善，不仅提供薪资调整和奖金，还考虑了科研项目经费等方面的支持。国内高校可以向其学习，设立更加多样化的激励机制，以激励教师积极表现。

4. 引入国际经验

对于国内高校而言，借鉴国外高校的绩效工资制度，可以引入一些国际经验和最佳实践。通过对比分析，吸取优点，进一步完善和发展自身的绩效工资制度。

第四节　高校绩效工资制度的发展趋势

随着社会的不断发展和高等教育的普及，高校绩效工资制度在中国高校中逐渐得到了广泛应用。绩效工资制度是一种基于个人绩效评价的薪酬分配方式，旨在激励教职工积极工作、提高工作质量和效率。下面将从政策支持、绩效工资制度两个方面探讨高校绩效工资制度的发展趋势。

（一）政策支持的发展趋势

近年来，国家对高校绩效工资制度的发展给予了积极的政策支持。首先，国家相继出台了关于高校绩效工资制度改革的文件和意见，明确了对该制度的重视和支持。其次，国家加大了对高校绩效工资制度改革的资金支持力度，通过引入竞争性经费等形式，推动高校建立健全科研成果转化和知识产权收益分配机制，进一步激发教职工的工作热情。最后，国家对高校绩效工资制度的评估和监督也日趋完善，建立了一系列的考核指标和评价体系，以确保制度的公平性和透明性。

（二）绩效工资制度的发展趋势

1. 指标设计的发展趋势

高校绩效工资制度的指标设计是制度顺利实施的关键。未来，高校绩效工资制度的指标设计将更加注重科学性和合理性。一方面，高校将会加强科研成果和学术影响力的评价，鼓励教师开展高水平的科学研究和学术交流；另一方面，高校将注重教育质量和教学效果的评价，即引入学生评价、教学反馈等因素，促进教师提供优质的教学服务。此外，高校还将加强对社会服务和行政管理等方面的评价，进一步推动高校全面发展。

2. 实施方式的发展趋势

高校绩效工资制度的实施方式将越来越趋向灵活、多样化。首先，将采用定额分配和差异化分配相结合的方式，既要保障基本收入，又要充分调动教职工的积极性。其次，将逐步探索激励机制的改革，加大对优秀教师和团队的激励力度，提高绩效工资的分配比例。最后，将注重个人发展与组织利益的结合，建立起个人目标与组织目标相适应的考核体系，使绩效工资制度更好地服务于高校的整体发展。

3. 外部监管和内部管理的发展趋势

未来，高校绩效工资制度将更加注重外部监管和内部管理。这包括加强政府对高校的监管力度，建立健全的信息公开和公示制度，防止绩效工资制度中的不规范现象。同时，高校也将加强内部管理，完善决策程序和内部监督机制，确保绩效工资制度的公正实施。

总之，未来，高校将会更加注重绩效工资制度的改革和完善，以适应高等教育改革和发展的需要。同时，通过在构建以绩效工资制度为核心的激励机制、完善绩效考核和评价体系、平衡好定额分配和差异化分配的关系以及强化外部监管和内部管理等方面的努力，高校将会更加全面地提升教师的工作积极性和创新能力，为高等教育的繁荣发展做出更大的贡献。

第五章

高校绩效工资制度的改革

第一节　高校绩效工资制度改革

一、高校绩效工资制度改革的必要性

高校绩效工资制度改革是高等教育领域的一项重要改革，旨在建立科学、公正、透明的工资管理制度，激励教职工提高工作质量和效率，推动高校事业的发展。以下将从高校绩效工资制度改革的背景和意义两个方面阐述。

（一）高校绩效工资制度改革的背景

1. 传统工资制度存在的问题

在传统的高校工资制度中，工资与职务、职称、学历等因素密切相关，而与教职工的实际工作表现和贡献关联度不高。这种工资制度容易导致“论资排辈”现象的出现，阻碍了优秀年轻人才的发展，降低了教职工的工作积极性和创造力。

2. 高等教育改革和发展的需要

随着高等教育改革的不断深入，高校逐渐走向市场化和国际化，对人才的需求也越来越高。为了吸引和留住优秀人才，高校需要建立一套科学、公正、透明的工资管理制度，激励教职工提高工作质量和效率，推动高校事业的发展。

3. 社会经济发展的影响

随着社会经济的发展和财政收入的提高，国家对高校的投入不断增长，教职工的工资水平也得到了相应提高。然而，如何合理分配这些资源，建立科学的绩效考核体系，提高教职工的工作积极性和创造力，是高校面临的严峻挑战。

（二）高校绩效工资制度改革的意义

1. 激励教职工提高工作质量和效率

绩效工资改革的核心是建立以绩效为基础的工资管理制度，将教职工的工资与工作表现和贡献直接挂钩。这种制度可以激励教职工提高工作质量和效率，促进优秀人才脱颖而出，推动高校事业的发展。

2. 优化资源配置，实现高校发展战略目标

绩效工资制度改革通过建立科学的绩效考核体系，将高校资源向优秀人才和关键岗位倾斜，优化资源配置，提高资源利用效率。同时，绩效工资制度改革也可以促使高校教职工围绕学校的战略目标开展工作，实现高校的长远发展。

3. 提升高校竞争力，促进高等教育事业发展

绩效工资制度改革可以提升高校的整体竞争力，使高校在激烈的高等教育竞争中立于不败之地。同时，绩效工资制度改革也可以促进高等教育事业的发展，推动高等教育质量的提高，为国家和社会培养更多优秀的人才。

4. 实现社会公平和公正

绩效工资制度改革通过建立科学、公正、透明的工资管理制度，使教职工的工资与工作表现和贡献直接挂钩，避免了“论资排辈”现象的出现。这

种制度可以实现社会公平和公正，提高教职工的工作积极性和创造力，推动高校事业的发展。

二、高校绩效工资制度改革面临的挑战

高校绩效工资制度改革作为高等教育领域的一项重要改革，旨在建立科学、公正、透明的工资管理制度，激励教职工提高工作质量和效率，推动高校事业的发展。然而，在实际推进过程中，高校绩效工资改革也面临着一系列挑战和困难。

（一）观念和认识

1. 对绩效工资制度改革的认识不足

在传统的高校工资制度中，工资与职务、职称、学历等因素密切相关，而与教职工的实际工作表现和贡献关联度不高。这种工资制度已经为广大教职工所接受和习惯，要推行绩效工资制度改革，就需要打破原有的思维模式和行为习惯，让广大教职工认识到绩效工资制度改革的重要性和意义。

2. 对绩效和绩效工资的认识存在偏差

绩效工资制度改革的核心是建立以绩效为基础的工资管理制度，但什么是绩效？绩效如何衡量？绩效与工资又有什么关系？这些问题往往困扰着教职工和学校管理者。有些教职工认为绩效就是教学和科研工作量的简单累加，而忽略了工作质量和效率；有些学校管理者则将绩效等同于各项量化指标的完成情况，而忽略了教职工的实际贡献。这些认识偏差不利于绩效工资制度改革的顺利推进。

（二）绩效考核体系和评价机制

1. 绩效考核体系不完善

绩效工资制度改革需要建立完善的绩效考核体系，包括考核目标、考核内容、考核方法、考核周期等方面。然而，当前许多高校绩效考核体系存在着考核目标不明确、考核内容不全面、考核方法不合理、考核周期过长或过短等问题，导致绩效考核效果不佳，影响了绩效工资制度改革的推进。

2. 评价机制不健全

绩效工资制度改革的评价机制包括对教职工的评价和对学校的评价两个方面。对教职工的评价需要建立科学、客观、全面的评价指标体系，充分考虑不同学科、不同岗位、不同职称教职工的特点和差异，确保评价结果的公正和准确；对学校的评价则需要考虑学校的整体发展战略、学科建设、人才培养、科研水平等方面的因素，建立相应的评价标准和程序。当前许多高校评价机制不健全，存在着评价标准不合理、评价方法不科学、评价结果不准确等问题，导致绩效工资制度改革难以真正发挥作用。

第二节　国内外高校绩效工资制度改革案例研究

一、国内高校绩效工资制度改革案例分析

自 2009 年起，我国高等教育领域开始逐步推行绩效工资制度改革。绩效工资制度改革旨在建立以绩效为导向的薪酬体系，以激励教职工提高工作质量和效率，推动高校事业的发展。然而，由于各高校实际情况的差异，绩

效工资制度改革的实施方式和效果也不尽相同。

（一）背景介绍

某高校是一所位于某直辖市的综合性本科院校，师资力量雄厚，教育质量和科研水平较高。在高等教育大众化的背景下，该校也面临着激烈的竞争和挑战。为了提升综合实力和竞争力，该校积极推进绩效工资制度改革，以期建立科学、公正、透明的薪酬管理制度。

（二）改革措施

1. 制订绩效考核方案

该校在绩效工资制度改革中，制订了详细的绩效考核方案。首先，确定了绩效考核的目标，即以工作业绩、教学水平、科研能力等为主要考核指标，以激励教职工提高工作质量和效率为目标。其次，明确了考核的内容和标准，考核内容包括教学、科研、社会服务、团队建设等方面。最后，确定了考核周期和考核方式，即每年度进行一次考核，采取个人自评和单位评价相结合的方式。

2. 实施分类评价

该校在绩效工资制度改革中还根据不同学科的特点和教师职责，实施了分类评价。根据学科的性质和特点，将全校教师分为不同类别，如文科、理科、工科等，为不同类别的教师制定不同的评价指标和标准。同时，该校还为一些特殊岗位的教师，如双师型教师、实验技术人员等，制定了单独的评价标准和指标。

3. 建立激励机制

为了激励教职工提高工作质量和效率，该校在绩效工资制度改革中建立了多种激励机制。首先，在绩效考核结果的基础上，对表现优秀的教职工给予相应的奖励和晋升机会；其次，引入竞争机制，实行优胜劣汰，对不合格的人员进行转岗或淘汰；最后，设立一些特别奖励，如突出贡献奖、优秀成果奖等，以激励教职工不断创新和进步。

（三）实际效果

经过几年的努力，该校绩效工资制度改革取得了一定的成效。首先，通过绩效考核和评价，教职工的工作表现得到了客观、公正的评价，有助于提高其工作积极性和创造性；其次，通过分类评价和激励机制的建立，不同类型和岗位的教师得到了相应的关注和支持，有助于提升其专业水平和促进其职业发展；最后，通过绩效工资制度改革，该校在一定程度上实现了对人力成本的合理控制和优化配置，有助于提高整体办学效益和管理效能。

（四）经验教训

该校绩效工资制度改革的成功经有以下几点：一是制定了科学合理的绩效考核方案和评价标准，二是重视激励机制的建立和完善，三是注重分类评价和对特殊岗位教师的关注，四是强化了绩效管理和监督机制。

然而，该校在绩效工资制度改革中也存在一些问题和不足。例如，绩效考核的标准和方式仍有待进一步改进和完善；分类评价需要更加科学合理地制定不同类型和岗位教师的评价标准；需要加强教职工的培训和学习，提高其对绩效管理的认识和理解。

总之，该校绩效工资制度改革的实践证明，只有结合本校实际情况和学科特点制定科学合理的改革方案并采取有效的措施加以落实，才能推动高校事业的发展和提升教职工的工作积极性和创造性。

二、国外高校绩效工资制度改革案例分析

在高等教育领域，许多发达国家早已开始实施绩效工资制度改革，旨在提高教职工的工作质量和效率，推动高校的发展。这些国家的改革经验和教训对于我国高校绩效工资制度改革的推进具有一定的借鉴意义。以下是两个国外高校绩效工资改革的案例分析。

（一）美国高校绩效工资制度改革案例

1. 改革背景

美国高校绩效工资制度改革的背景是高等教育质量和效益受到质疑，而社会对高校的期望值不断提高。为了提高教育质量和效率，美国政府和高校开始探索绩效工资制度，以激励教职工提高工作表现和贡献度。

2. 改革措施

美国高校绩效工资制度改革的措施主要包括以下几个方面：

（1）制订绩效计划

在教师聘任前，高校与教师共同制订绩效计划，明确教师的工作职责和目标，并作为教师绩效考核的依据。

（2）设立绩效评价委员会

由学术部门负责人、教师代表、学生代表和外部专家组成绩效评价委员

会，对教师进行全面、客观、公正的评价。

（3）实施绩效评价

根据绩效计划，对教师进行定期的绩效评价，评价内容包括教学、科研、社会服务等方面。

（4）兑现绩效工资

根据绩效评价结果，对表现优秀的教师给予相应的奖励和晋升机会，同时对表现不佳的教师给予相应的处罚。

3. 实际效果

美国高校绩效工资制度改革的实际效果主要体现在以下几个方面：

（1）提高了教师的工作积极性和创造性

通过绩效考核和评价，教师能够得到及时的反馈和奖励，有助于提高其工作积极性和创造性。

（2）提升了高等教育的质量和效益

通过绩效工资制度改革，美国高校的教育质量和效益得到了显著提升。

（3）增强了高校的竞争力

通过绩效工资制度改革，美国高校的教师队伍得到了优化和提升，进而增强了高校的竞争力。

（二）英国高校绩效工资制度改革案例

英国是世界上高等教育的重要发源地之一，其高校绩效工资制度改革也具有代表性。在 20 世纪末，英国开始了绩效工资制度改革的探索和实践。

1. 改革背景

英国高校绩效工资制度改革的背景是高校教师职业满意度下降，同时高校面临着提高教育质量和效率的压力。为了提高教师的工作质量和效率，同时增强高校的核心竞争力，英国高校开始进行绩效工资制度改革。

2. 改革措施

英国高校绩效工资制度改革的措施主要包括以下几个方面：

（1）设立薪酬委员会

在高校内部设立专门的薪酬委员会，负责制订和实施绩效工资方案。

（2）制定绩效考核框架

根据高校实际情况和学科特点，制定全面的绩效考核框架，明确各项考核指标和标准。

（3）实施绩效考核

根据绩效考核框架，对教师进行定期的绩效考核，考核内容包括教学、科研、社会服务等方面。

（4）兑现绩效工资

根据绩效考核结果，对表现优秀的教师给予相应的奖励和晋升机会，同时对表现不佳的教师给予相应的处罚。

3. 实际效果

英国高校绩效工资制度改革的实际效果主要体现在以下几个方面：

（1）提高了教师的工作积极性和创造性

通过绩效考核和评价，教师能够得到及时的反馈和奖励，有助于提高其工作积极性和创造性。

（2）提升了高等教育的质量和效率

通过绩效工资制度改革，英国高校的办学效益和教育质量得到了显著提升。

（3）增强了高校的竞争力

通过绩效工资制度改革，英国高校的师资队伍得到了优化和提升，进而增强了高校的竞争力。

从以上两个案例可以看出，国外高校绩效工资制度改革的成功经验值得我们借鉴和学习。但是每个国家的高校的实际情况不同，所以在进行绩效工资制度改革时一定要结合本校的实际情况，制订科学合理的改革方案，并采取有效的措施加以落实，这样才能提升教职工的工作积极性和创造性，进而推动我国高校事业的发展。

第三节　高校绩效工资管理的改革措施

一、确定科学合理的绩效评价指标体系

高校绩效工资管理是高校人力资源管理的重要组成部分，其中绩效评价指标体系的确定是关键环节。

（一）明确绩效评价的目的

在进行绩效评价指标体系的设计时，首先要明确绩效评价的目的。绩效评价是为了提高高校教职工的工作质量和效率，推动高校实现教育目标和办

学目标。因此，绩效评价指标体系的建立应该紧紧围绕这个目的来进行。

（二）确定绩效评价指标

绩效评价指标是绩效评价体系的核心，其选择直接影响绩效评价的结果。在确定绩效评价指标时，应该考虑以下几个方面。

1. 教学工作

教学工作是高校教职工的基本职责，是保证高校教育质量和水平的基础。因此，对于教学工作的评价应该从教学内容、教学方法、教学态度等方面进行。具体指标可以包括教学质量、教学任务完成情况、学生评价等。

2. 科研工作

科研工作是高校教职工的重要职责之一，是推动高校学科发展和提升学术水平的重要手段。对于科研工作的评价应该从科研项目、科研成果、学术论文等方面进行。具体指标可以包括科研项目级别、科研成果获奖情况、学术论文发表情况等。

3. 社会服务

社会服务是高校教职工的一项重要职责，是高校回馈社会、服务社会的重要途径。对于社会服务的评价应该从社会服务活动、社会声誉等方面进行。具体指标可以包括参与社会服务的次数和质量、社会声誉等。

4. 个人素质

个人素质是高校教职工履行职责的基础和前提，也是绩效评价的重要内容之一。对于个人素质的评价应该从职业道德、专业素养、团队协作等方面进行。具体指标可以包括师德师风、敬业精神、沟通能力等。

（三）确定绩效评价标准

在确定了绩效评价指标后，还需要制定相应的评价标准，以便对教职工的绩效进行评价。评价标准的制定应该结合高校实际情况和学科特点，考虑以下几个方面。

1. 全面性

绩效评价标准应该全面覆盖教职工的工作职责和要求，涵盖教学、科研、社会服务和个人素质等方面的内容，以客观、公正、全面地评价教职工的绩效。

2. 可操作性

绩效评价标准应该具有可操作性，即评价标准的制定应该考虑实际操作中的可行性和便利性，避免使用过于复杂或不切实际的评价标准。

3. 区分度

绩效评价标准应该具有一定的区分度，以便能够将教职工的绩效进行区分和比较。区分度的确定应该结合高校实际情况和学科特点，以客观、公正地评价教职工的绩效。

4. 可量化性

绩效评价标准应该尽可能地具有可量化性，以便能够将教职工的绩效进行量化分析和比较。对于难以量化的指标，可以采用定性与定量相结合的评价方法。

（四）制定绩效评价制度

在确定了绩效评价指标和评价标准后，还需要制定相应的绩效评价制度，以保障绩效评价工作的顺利实施。

1. 设立评价委员会

高校应该设立由校内专家和校外专家组成的评价委员会，负责评价绩效评价标准、审核评价结果等。评价委员会的成员应该具备较高的专业素养和公正的态度。

2. 定期评价

高校应该定期对教职工进行绩效评价，一般以一个学年或一个学期为单位进行评价。同时，还要根据不同岗位和学科的特点，制定不同的评价周期。

3. 公开透明

绩效评价结果应该公开透明，以便教职工了解自己的绩效情况和其他教职工的绩效情况。同时，高校还应该建立有效的反馈机制，及时将评价结果反馈给教职工，以便其及时改进工作。

4. 与激励机制挂钩

绩效评价结果应该与激励机制挂钩，以便激励教职工提高工作质量和效率。具体来说，可以将绩效评价结果与教职工的薪酬、晋升等方面挂钩。

二、设立灵活多样的绩效激励机制

高校绩效工资管理是高校人力资源管理的重要组成部分，而在绩效工资管理过程中，设立灵活多样的绩效激励机制是提高教职工工作积极性和绩效水平的重要手段。以下将从几个方面分析如何设立灵活多样的绩效激励机制。

（一）明确激励目标

在设立绩效激励机制时，首先要明确激励的目标。高校绩效工资管理的目标是提高教职工的工作质量和效率，推动高校实现教育目标和办学目标。因此，设立绩效激励机制应该紧紧围绕这个目标来进行，从教职工的实际需求和心理特点出发，制定出符合他们期望的激励措施。

（二）多种激励方式的综合运用

1. 物质激励

物质激励是绩效激励机制中最基本、最直接的激励方式。高校可以通过给予教职工一定的奖金、津贴、福利等物质奖励，激发他们的工作积极性和创造力。同时，高校还可以将绩效评价结果与教职工的住房补贴、子女教育补贴等福利待遇挂钩，提高他们的归属感和满意度。

2. 精神激励

精神激励是通过满足教职工的精神需求来激发他们工作积极性的激励方式。高校可以通过给予教职工一定的荣誉、职称晋升、学术发展等奖励，激发他们的工作热情和动力。同时，高校还可以通过表彰大会、座谈交流等途径，给教职工提供展示自己的机会，满足他们的成就感。

3. 目标激励

目标激励是通过制定科学合理的工作目标，激发教职工的工作积极性和创造力的激励方式。高校应该制定明确具体的工作目标，并将这些目标与教职工的绩效评价结果挂钩，让他们明确自己的工作方向和努力方向。

4. 榜样激励

榜样激励是通过树立先进典型和榜样，激发教职工工作积极性和创造力的激励方式。高校可以通过评选优秀教师、优秀科研工作者等方式，表彰那些在工作中表现突出、具有代表性的教职工，并通过他们树立榜样，激励其他教职工向他们学习。

（三）关注教职工的个体差异

在设立绩效激励机制时，高校应该关注教职工的个体差异，根据不同学科、不同岗位、不同性格特点等因素，制订个性化的激励措施。例如，对于年轻教职工，可以加大住房补贴、子女教育补贴等补贴的力度；对于高层次人才，可以提供更为灵活多样的奖励措施，如提供实验室、研究经费等；对于从事不同学科的教职工，可以制定不同的评价标准和工作目标，以便更好地激发他们的工作积极性。

（四）营造良好的工作环境和文化氛围

良好的工作环境和文化氛围是设立灵活多样的绩效激励机制的重要保障。高校应该营造良好的工作环境和文化氛围，例如，加强团队建设、推动学术交流、提供职业发展机会等，以激发教职工的工作热情和创造力。同时，高校还应该注重教职工的心理健康和压力缓解，通过提供心理辅导、健康讲座等方式，帮助教职工保持的积极心态和良好的状态。

三、引入信息化技术，提高绩效管理效率

随着高校规模的不断扩大和教育的不断创新，传统的绩效工资管理方式已经难以满足高校发展的需求。因此，引入信息化技术，提高绩效管理效率，成为高校绩效工资管理的必然趋势。以下将从几个方面分析如何引入信息化技术以提高绩效管理效率。

（一）建立信息化绩效管理平台

建立信息化绩效管理平台是提高绩效管理效率的基础。高校应该投入必要的资金和技术，引入先进的绩效管理软件和信息系统，建立一个集绩效计划、评价、反馈和应用于一体的绩效管理信息平台。在这个平台上，高校可以设置各类绩效评价指标和权重，制定统一的绩效评价标准和方法，建立规范的绩效评价流程，确保绩效评价的客观性和公正性。

（二）利用大数据技术进行数据分析

利用大数据技术进行数据分析可以帮助高校更好地了解教职工的工作表现和绩效情况。通过收集和分析大量的数据，高校可以获得更加全面、精准的信息，从而更好地评估教职工的工作成果和贡献，为制定更加科学合理的绩效激励机制提供有力的支持。例如，通过分析教职工的教学、科研和社会服务等方面的数据，可以了解教职工在不同领域的发展情况和优势，为高校制定个性化的发展计划和激励措施提供依据。

（三）实现移动化办公

实现移动化办公可以提高绩效管理的灵活性和效率。通过移动设备（如

手机、平板电脑等），高校可以随时随地进行绩效管理和评价，不受时间和地点的限制。教职工也可以通过移动设备查看自己的绩效评价结果和反馈，及时了解自己的工作情况和不足之处，以便更好地调整自己的工作状态和努力方向。

（四）提高绩效管理者的素质和能力

提高绩效管理者的素质和能力是提高绩效管理效率的关键。高校应该加强对绩效管理者的培训和教育，提高他们的绩效管理理念、技能和方法。绩效管理者也应该不断学习和掌握新的信息化技术和管理方法，提高自身的综合素质和能力水平，为提高绩效管理效率提供有力保障。

（五）建立绩效管理信息化标准体系

建立绩效管理信息化标准体系可以规范绩效管理行为和提高管理效率。高校应该根据自身实际情况和国家相关标准，制定符合高校教育和发展特点的绩效管理信息化标准体系。该体系应该包括信息化基础设施建设、数据管理和应用、信息安全和隐私保护等方面的标准和规范，以确保绩效管理信息化的规范化和可持续发展。

总之，引入信息化技术可以提高绩效管理的效率和质量。高校应该通过建立信息化绩效管理平台、利用大数据技术进行数据分析、实现移动化办公、提高绩效管理者的素质和能力以及建立绩效管理信息化标准体系等多种方式来引入信息化技术，以更好地满足教职工的需求和推动高校教育目标和发展规划的实现。

第六章

高校绩效工资制度的可持续发展

第一节　高校绩效工资制度实现可持续发展的前提与意义

一、高校绩效工资制度实现可持续发展的前提

（一）绩效工资制度的公平性和科学性

绩效工资制度的公平性和科学性是实现高校绩效工资制度可持续发展的重要前提。绩效工资制度的公平性表现在评价标准的一致性、评价过程的透明度和评价结果的可信度。而绩效工资制度的科学性则表现在评价方法的合理性、评价内容的全面性和评价结果的有效性。只有保证绩效工资制度的公平性和科学性，才能让广大教职工对绩效工资制度产生信任感和认同感，绩效工资制度才能更好地实施下去。

（二）绩效工资制度与高校发展战略目标相一致

高校发展战略目标是高校制定各项政策的依据和方向。绩效工资制度的制定和推行应该与高校发展战略目标相一致，以推动高校教育事业的全面发展。具体来说，绩效工资制度的制定应该考虑到高校的教育目标、科研目标、社会服务目标等，同时要结合国家政策、市场需求和高校实际情况等因素，综合制定符合高校发展战略目标的绩效工资制度。

（三）绩效评价指标的全面性和动态性

绩效评价指标是绩效评价的核心和基础，影响绩效评价结果的有效性和

公正性。因此，在制定绩效评价指标时，应该考虑高校在教育、科研、社会服务等方面的目标，同时要结合高校实际情况和市场需求等因素，使评价指标更加全面、客观和有效。同时，绩效评价指标不是一成不变的，应该根据国家政策、市场需求和高校实际情况等因素的变化而动态调整，以保持绩效工资制度的活力和适应性，从而实现绩效工资制度的可持续发展。

（四）绩效评价结果的有效性和公正性

绩效评价结果的有效性和公正性是绩效工资制度能否得到广大教职工认可和支持的关键。为了保证绩效评价结果的有效性和公正性，高校应该采取多种保障措施。首先，要建立健全的绩效评价机制，包括制定科学的评价标准、建立规范的评审流程、组建专业的评审团队等，确保评价结果的真实可靠。其次，要加强对绩效评价的监督和管理，包括对评价过程进行监督、对评价结果进行审核和复查等，确保评价结果公正合理。最后，要注重绩效评价结果的应用和推广，将评价结果与教职工的奖惩、晋升、职业发展等方面紧密结合，以更好地发挥其激励作用。

（五）绩效工资制度的透明度和可参与性

绩效工资制度的透明度和可参与性是保障广大教职工知情权、参与权和监督权的重要措施。绩效工资制度的透明度表现在向广大教职工公开绩效评价标准、评价流程、评价结果等信息，让广大教职工了解绩效工资制度的制定和实施过程。而绩效工资制度的可参与性则表现在允许广大教职工参与绩效评价和反馈，让他们对制度提出意见和建议，从而不断优化和完善绩效工资制度，实现绩效工资制度的可持续发展。

二、高校绩效工资制度实现可持续发展的意义

（一）提高教师的工作积极性和绩效水平

绩效工资制度是一种以绩效为基础的薪酬制度，它根据教师的工作表现和业绩来确定教师的薪酬水平。这种制度可以激励教师更加努力地工作，提高他们的工作积极性和绩效水平。具体而言，绩效工资制度可以通过以下几个方面来提高教师的工作积极性和绩效水平。

1. 明确工作目标和责任

绩效工资制度明确规定了教师的工作目标和责任，这使教师能够更加清晰地认识到自己的工作职责和任务，从而更好地完成工作任务。

2. 给予教师更多的自主权

绩效工资制度往往给予教师更多的自主权，例如允许教师自主选择教学方式、教学材料等，这可以激发教师的创新精神和教学热情。

3. 提高教师的福利待遇

绩效工资制度根据教师的工作表现和业绩来确定教师的薪酬水平，这使教师可以通过提高自己的绩效水平来获得更高的福利待遇。

4. 促进教师的职业发展

绩效工资制度不仅关注教师的当前表现，还关注教师的职业发展。通过为教师提供培训和发展机会，绩效工资制度可以促进教师的职业发展，提高教师的综合素质和竞争力。

（二）提高高校的教育质量和推动高校的整体发展

高校绩效工资制度的可持续发展不仅可以提高教师的工作积极性和绩效

水平，还可以提高高校的教育质量和推动高校的整体发展。具体而言，高校绩效工资制度的可持续发展对高校的教育质量和整体发展的影响主要体现在以下几个方面。

1. 增强高校的核心竞争力

高校之间的竞争越来越激烈，如何提高自身的核心竞争力是每所高校必须面对的问题。通过推行绩效工资制度，高校可以激励教师不断创新、提高教学质量和科研水平，从而增强高校的核心竞争力。

2. 优化高校组织结构和管理水平

绩效工资制度要求高校建立科学的管理体系和组织结构，明确各级组织和个人的职责和工作目标。这可以推动高校不断优化组织结构和管理水平，提高高校管理效能和组织绩效。

3. 提高高校的教育质量和科研水平

绩效工资制度关注教师的综合素质和绩效水平，通过鼓励教师不断提高自身素质和能力，可以促进高校的教育质量和科研水平的提高。例如，绩效工资制度可以激励教师更加积极地参与科研项目、发表高质量的学术论文等，从而提高高校的科研水平和学术影响力。

4. 提升高校的社会声誉和形象

高校的社会声誉和形象是吸引优秀师资和生源的重要因素之一。通过推行绩效工资制度，高校可以提高教师的工作积极性和绩效水平，从而提升高校的社会声誉和形象，吸引更多的优秀师资和生源。

5. 促进高校教育事业的可持续发展

绩效工资制度的可持续发展可以促进高校教育事业的可持续发展。通过关注教师的职业发展、提供培训和发展机会等措施，高校可以培养出更多的优秀教师和科研人才，为高校教育事业的未来发展奠定坚实的基础。

第二节　高校绩效工资制度实现可持续发展的方法

一、基本原则

（一）公开透明原则

高校应该建立公开透明的绩效评价体系，明确绩效指标和评价标准，确保每位教师都能够了解自己的绩效水平，减少评价的主观性和随意性。同时，高校应该将绩效工资制度的具体规定和实施办法公开，让教师了解绩效工资的核算方式和发放标准，增加绩效工资制度的透明度和公正性。

（二）激励导向原则

制定高校绩效工资制度的目的是激励教师提高工作积极性和绩效水平，促进高校教育事业的发展。因此，绩效工资制度应该以激励导向为原则，建立科学合理的绩效评价体系，将薪酬与工作表现和业绩挂钩，鼓励教师提高自己的教学质量和科研水平，推动高校整体绩效的提升。

（三）全面参与原则

制定高校绩效工资制度还应该坚持全面参与原则。高校应该广泛征求教师、学生和管理人员的意见和建议，充分考虑各方面的利益和需求，确保绩效工资制度的制定和实施具有广泛的群众基础和代表性。同时，高校应该建立上下级沟通机制，鼓励教师和管理人员就绩效问题进行交流和反馈，及时解决问题和调整策略。

（四）客观公正原则

客观公正是制定高校绩效工资制度的核心原则之一。高校应该建立科学合理的绩效评价体系，以客观公正的态度评价教师的工作表现和业绩，避免出现人情分、印象分等不公正现象。同时，高校应该建立健全的监督机制，确保绩效评价过程和结果的公开、透明和公正。

（五）分类分层原则

分类分层是制定高校绩效工资制度的重要原则之一。高校应该根据教师的工作性质、专业特点、岗位职责等因素，将教师分为不同的类别和层次，并分别制定相应的绩效评价标准和薪酬体系。例如，针对教学型、研究型、社会服务型等不同类型的教师，高校可以设置不同的绩效评价标准和奖励方式；针对教授、副教授、讲师等不同层次的教师，高校可以设置不同的薪酬水平和奖励幅度等。这样可以更好地满足不同类型和层次教师的需求和发展，提高教师的积极性和创造性。

（六）动态调整原则

动态调整是制定高校绩效工资制度的必要原则之一。高校应该根据国家政策、经济形势、教育事业发展等外部环境的变化，以及高校内部管理和运营的需要，及时调整绩效工资制度的具体规定和实施办法。例如，针对国家政策的调整和社会经济的发展，高校可以适时调整绩效评价标准和奖励方式；针对高校内部管理和运营的需要，高校可以适时调整绩效工资的核算方式和发放标准等。这样可以确保绩效工资制度与外部环境相适应，并实现动态平衡和持续发展。

（七）责权利相统一原则

责权利相统一是制定高校绩效工资制度的基础原则之一。高校应该明确各级组织和个人的职责、权利和义务，建立责权利相统一的绩效工资制度。在制定绩效目标时，要考虑到各方的利益和风险承受能力，做到责任明确、目标明确、考核评价明确。在奖励方式上，要充分考虑各方的利益诉求和贡献程度，做到奖惩分明、激励先进、约束落后。在实施过程中，要保障各方的合法权益和合理诉求得到充分表达和保障，实现责权利的有机统一和平衡发展。

二、具体方法

高校绩效工资制度实现可持续发展的具体方法如下。

（一）明确绩效工资制度的目标

制定高校绩效工资制度的首要任务是明确目标。绩效工资制度的目标应该与高校整体战略和发展目标相一致，具体来说，应该以提高教师工作积极性、促进教师发展和提升高校整体绩效为目标。在此基础上，高校应该根据实际情况，制定具体的绩效工资管理目标，如提高教师工资水平、建立完善的奖励机制、促进教师个人发展与高校发展相结合等。

（二）分析高校绩效工资制度的实施现状

在明确绩效工资制度的目标之后，高校应该对当前的绩效工资制度的实施现状进行分析。高校应该了解当前绩效工资制度存在的问题和不足，如绩效评价体系不完善、奖励机制不科学、绩效工资与工作表现和业绩的关联度不高等。同时，高校应该通过调查问卷、访谈等方式，了解教师对当前绩效工资制度的看法和建议，为后续的改进提供参考。

（三）改进绩效工资制度

在分析高校绩效工资制度的实施现状的基础上，高校应该改进当前的绩效工资制度。具体来说，高校应该考虑以下几个方面。

1. 改进绩效工资的核算方式和发放标准

高校应该根据教师的工作性质、专业特点、岗位职责等因素，制定不同的绩效核算方式和发放标准。同时，高校应该充分考虑教师的工作量和贡献程度，避免出现“大锅饭”现象。

2. 完善绩效评价体系

高校应该根据教师的工作实际和学科特点，制定科学合理的绩效评价体系。在评价过程中，高校应该注重客观公正，避免出现人情分、印象分等不公正现象。

3. 完善奖励机制

高校应该根据教师的实际表现和业绩，设立相应的奖励机制。在奖励过程中，高校应该注重激励导向，鼓励教师提高自己的工作积极性和绩效水平。

4. 强化绩效反馈和调整机制

高校应该建立健全的绩效反馈和调整机制，及时了解和解决教师在绩效评价和奖励过程中存在的问题，并根据实际情况对绩效工资制度进行调整和优化。

（四）征求意见和建议

在改进高校绩效工资制度的过程中，高校应该积极听取各方意见和建议。具体来说，高校应该通过教职工代表大会、学术委员会、工会等相关组织和人员，广泛征求对绩效工资制度的意见和建议。这样可以保证绩效工资制度的科学性和可操作性，并提高其认可度和可接受性。

（五）审核和审批

在征求意见和建议之后，高校应该将改后的绩效工资制度提交相关审核和审批机构进行审查和批准。具体来说，高校应该将绩效工资制度提交学校管理层进行审核，并报请校长办公会等机构进行审批。这样可以保证绩效工资制度符合学校整体战略和发展目标，并提高其合法性和权威性。

（六）实施和监督

在审核和审批通过之后，高校应该将绩效工资制度付诸实施。具体来说，高校应该根据改后的绩效工资制度，制定相应的实施细则和操作流程，并明确各级组织和人员的职责和义务。同时，高校应该健全监督机制，对绩效工资制度的实施过程和结果进行监督和检查，及时发现问题并进行整改。

（七）定期评估和调整

在实施绩效工资制度的过程中，高校应该定期对其进行评估和调整。具体来说，高校应该根据实际情况，制定相应的评估标准和程序，对绩效工资制度的实施效果进行全面评估。同时，高校应该根据评估结果和外部环境的变化，及时对绩效工资制度进行调整和完善。这样可以保证绩效工资制度的科学性和适应性，并提高其持续性和有效性。

三、保障措施

（一）实施方面的保障措施

1. 加强宣传和培训

在制度实施前，高校应该加强对教师和管理人员的宣传和培训工作，让他们充分了解绩效工资制度的意义、目的和实施要求。通过宣传，提高教师对绩效工资制度的认识和理解，增强他们对绩效工资制度的认同感和接受程度。同时，高校应该对绩效工资制度的执行人员进行培训，提高他们的工作能力和素质，确保他们能够胜任工作。

2. 制订实施细则和操作流程

在宣传和培训之后，高校应该根据绩效工资制度的具体内容，制定相应的实施细则和操作流程。实施细则应该包括具体的工作任务、工作职责、工作标准等内容，同时还需要明确各级组织和人员的职责和义务。操作流程应该包括工作流程、工作时间、工作方式、工作结果等内容，以确保绩效工资制度的顺利实施。

（二）监督方面的保障措施

1. 建立健全的监督机制

为了确保高校绩效工资制度的有效实施并取得预期效果，高校应该建立健全的监督机制。监督机制应该包括监督机构、监督制度、监督流程等要素，对绩效工资制度的实施过程和结果进行全面监督。同时，高校应该建立信息公开和透明机制，及时公开绩效工资制度的实施情况，接受教师和社会的监督。

2. 加强内部审计和外部审计

高校应该加强内部审计和外部审计工作，确保绩效工资制度的有效实施和取得预期效果。内部审计应该由高校内部审计机构负责，对绩效工资制度的执行情况进行审计，发现问题及时向高层领导汇报，并督促整改。外部审计应该由上级主管部门或第三方审计机构负责，对高校的绩效工资制度进行全面审计，提出审计意见和建议，帮助高校进一步完善绩效工资制度。

3. 建立问责机制

为了确保高校绩效工资制度的有效实施并取得预期效果，高校应该建立问责机制。问责机制应该明确各级组织和人员的职责和义务，对未履行好职责的人员进行问责，并追究其责任。同时，高校应该建立奖惩机制，对表现优秀的教师和管理人员进行奖励，对表现不佳的人员进行惩罚，激励教师和管理人员更好地执行绩效工资制度。

第三节 高校绩效工资制度实现可持续发展的难点及其解决方案

一、高校绩效评价的准确性问题

（一）强调量化评价与质性评价相结合

量化评价是绩效评价中的重要组成部分，但它不能完全反映教职工的工作情况。因此，应该强调量化评价与质性评价相结合，将主观因素和客观因素相结合，提高绩效评价的准确性和科学性。

（二）强调多方参与和沟通

多方参与和沟通可以减少个人因素对绩效评价结果的影响。在绩效评价过程中，应该鼓励教师、学生、管理人员等多方参与和沟通，让不同利益相关者共同参与评价指标体系的制定和实施过程。这样可以减少单一利益相关者的主观影响，也可以增加绩效评价的透明度和可信度。

（三）强调重复检验和不断完善

重复检验和不断完善是提高绩效评价准确性的重要手段。在绩效评价过程中，高校应该注重重复检验和完善工作机制的建立。例如，可以定期进行数据采集和分析工作，对数据进行重复检验；可以定期收集多方意见和建议，对评价指标体系进行不断调整和完善等。这样可以减少误差和提高绩效评价的准确性和科学性。

二、绩效工资的公平公正问题

（一）绩效工资与公平公正的关系

绩效工资与公平公正具有密切的关系。首先，公平公正是绩效工资制度的基石。如果绩效工资的评定和发放不公平，那么这种制度就会受到质疑，甚至失去其存在的价值。公平公正不仅要求评价标准的制定要合理，还要求评价过程的透明和公正。

然而，在实际操作中，绩效工资的公平性常常难以保证。不同岗位的工作性质、工作内容、难度和责任都不同，这使评价指标和标准的制定很难做到完全公平。此外，评价者的主观因素、情感偏好和不公正的评价行为也会对绩效工资的公平性产生影响。

（二）绩效工资公平公正问题的解决方案

1. 建立科学的评价指标体系

为了提高绩效工资的公平性和公正性，高校必须建立科学的评价指标体系。评价指标应全面反映教职工的工作内容、职责和绩效，同时应将定性和定量指标相结合，减少评价的主观性和随意性。此外，评价指标应根据实际情况进行动态调整，以保证其合理性和公平性。

2. 制定合理的评价标准

制定合理的评价标准是保证绩效工资公平公正的关键。评价标准应基于工作分析、岗位职责和绩效目标等基础进行制定，同时应参考其他高校的标准并结合本校实际情况，确保标准的科学性和可行性。此外，评价标准的制定应广泛征求教职工的意见和建议，以提高其合理性和认可度。

3. 加强评价者的培训和管理

评价者的素质和能力对绩效工资的公平性具有重要影响。因此，高校应加强对评价者的培训和管理，提高评价者的专业素养和评价能力。培训内容包括如何制定科学的评价指标体系、如何制定合理的评价标准、如何进行有效的沟通和反馈等。同时，高校应建立完善的评价管理制度，规范评价者的行为，确保评价结果的客观性和公正性。

4. 建立完善的反馈机制

建立完善的反馈机制是提高绩效工资公平公正的重要途径。高校应通过及时、准确地向教职工反馈其工作绩效和存在问题的方式，帮助教职工更好地了解自己的工作表现，并为其提供改进和提高的机会。此外，反馈机制还可以为教职工提供表达对绩效评价结果意见和建议的渠道，进而帮助高校发现并解决潜在问题。

5. 设立监督机制

为了保证绩效工资的公平公正，设立监督机制是非常必要的。监督机制可以由高校内部相关部门或第三方机构组成，负责对绩效工资的评价过程和结果进行监督和审查。通过监督机制，高校可以及时发现并纠正不公正的评价行为，确保绩效工资制度的公平性和有效性。

三、绩效工资管理中的信息化技术应用问题

（一）绩效工资管理中信息化技术应用的具体问题

1. 数据处理困难

绩效工资管理涉及大量数据，包括教职工个人信息、工作绩效信息等。

如何准确、快速地处理这些数据，避免人为错误和计算错误，是信息化技术在绩效工资管理中的一项难题。

2. 技术实现难度大

绩效工资管理需要综合考虑多方面因素，如教职工岗位、能力、绩效等。如何利用信息化技术对这些因素进行全面、准确的分析和管理，是一项技术难度较大的任务。

3. 系统稳定性不足

绩效工资管理信息化系统需要保证高度的稳定性和可靠性，从而避免因系统故障或错误导致的管理混乱。然而，在实际应用中，系统稳定性不足的问题时有发生。

4. 数据安全风险高

绩效工资管理中涉及大量敏感信息，如教职工个人隐私、高校财务数据等。如何保障这些数据的安全，避免信息泄露和滥用，是信息化技术在绩效工资管理中面临的一项重要难题。

（二）绩效工资管理中信息化技术应用问题的解决方案

1. 强化数据处理能力

企业应选择具备高性能数据处理能力的信息化系统，并进行定期的数据备份和维护。同时，企业应建立完善的数据处理流程，避免人为错误和计算错误的发生。

2. 提高技术实现能力

企业应引进具备相关技术背景和经验的专业人才，进行绩效工资管理信息化系统的研发和优化。同时，企业应注重与技术供应商的沟通协作，确保系统功能与企业实际需求相匹配。

3. 加强系统稳定性保障

企业应选择具备高度稳定性和可靠性的信息化系统，并进行定期的系统维护和升级。同时，企业应建立完善的应急预案，以应对可能发生的系统故障或错误。

4. 保障数据安全

企业应选择具备高度安全保障能力的信息化系统，并进行定期的数据安全检查和维护。同时，企业应建立完善的数据安全管理制度，规范数据处理流程，避免信息泄露和滥用。

四、绩效工资制度的变革与创新策略

为了解决上述问题，提升绩效工资管理的有效性，高校需要进行以下变革与创新。

1. 建立公平、科学的绩效考核体系

高校应该建立清晰、合理的绩效考核标准，避免出现考核方式单一、主观性过强的问题。同时，高校应该加强教职工的参与力度和反馈机制，确保教职工对考核结果的高度认可和接受。

2. 调整绩效工资水平与市场接轨

高校应该根据市场行情调整绩效工资水平，确保教职工的薪酬水平与市场接轨，从而提高教职工工资水平的吸引力。

3. 引入多种激励手段

除了绩效工资，高校还可以引入多种激励手段，从而更好地满足教职工的需求和期望，提高教职工的工作积极性和绩效。

4. 建立灵活的绩效工资管理制度

高校应该建立灵活的绩效工资管理制度，并根据内外部环境的变化做出相应的调整和适应。例如，可以根据高校的不同发展阶段、不同任务板块等情况进行个性化的绩效工资方案设计。

5. 加强沟通和培训

高校和教职工双方都需要加强沟通和培训，了解绩效工资管理的意义、目的和方式，提高教职工的参与意识和参与度，从而更好地推动绩效工资制度的实施。

参考文献

[1] 郭卉，姚源 . 绩效工资改革与高校多轨收入分配的形成 [J]. 中国高教研究，2023（8）：66-72.

[2] 刘晓萌 . 激励相容视域下优化高校绩效工资分配制度的策略研究 [J]. 经济研究导刊，2023（11）：134-136.

[3] 董雨琴 . 新时代应用型地方本科高校教师考核评价和绩效工资改革联动体系构建研究 [J]. 浙江医学教育，2023，22（3）：136-140，145.

[4] 刘颖 . 岗位绩效工资体系下高校内部分配激励机制优化分析——以西部省直高校为例 [J]. 人才资源开发，2023（11）：62-64.

[5] 巫敏芝 . 高校教师绩效工资激励机制的优化研究 [J]. 佳木斯职业学院学报，2023，39（6）：64-66.

[6] 田一聚 . 从技术性激励到专业性驱动：我国高校绩效工资制度的激励特征与优化策略 [J]. 黑龙江高教研究，2023，41（6）：25-30.

[7] 谢桂生，王峥，卜晓明 . 地方高校收入分配制度改革的实践与启示 [J]. 中国人事科学，2023（4）：22-27.

[8] 贾晨 . 高校奖励性绩效工资分配相关问题及对策分析 [J]. 人才资源开发，2023（3）：30-32.

[9] 郑丹 . 善治视域下高校奖励性绩效工资制度的优化策略 [J]. 黑龙江高教研究，2023，41（2）：53-58.

[10] 吕金飞 . 高校绩效工资改革现状与优化探析 [J]. 就业与保障，2023（1）：175-177.

[11] 王丹 . 高校绩效工资管理存在的问题及解决对策 [J]. 行政事业资产与财务，2022（24）：13-15.

[12] 柳绿 . 高校人员经费管理问题及其对策 [J]. 经济研究导刊，2022（35）：95-97，101.

[13] 杨旭 . 基于适度公平的高校教师绩效工资分配体系研究 [C]// 广东省教师继续教育学会 . 广东省教师继续教育学会第五届教学研讨会论文集（四）. 廊坊燕京职业技术学院，2022：3.

[14] 贾保敏 . 绩效工资背景下地方高校激励措施分析 [J]. 经济研究导刊，2022（20）：100-102.

[15] 卢志婷，王静，余丽花 . 我国高校工资分配制度改革历史回顾与绩效工资改革探析 [J]. 佳木斯职业学院学报，2022，38（6）：65-67.